JN086242

保育ナビ
ブック

保育をひらく
「コミュニティ
コーディネーター」
の視点

まちの保育園・こども園
東京大学大学院教育学研究科附属
発達保育実践政策学センター
(Cedep)

監修：**秋田喜代美**（学習院大学 教授）
　　　松本理寿輝（まちの保育園・こども園 代表）

は じ め に

秋田喜代美（学習院大学 教授）

　人口減少社会に向かう日本では、30年近く前から、各地で人の絆の希薄化が叫ばれ、まちづくりやコミュニティ生成の必要性が唱えられてきました。1970年代には、まちづくりの議論は都市計画、都市再開発として自治体や都市計画の専門家が行うものと認識されていました。それが1980年代後半頃からは、地域に住む主体による活動によりつくられるものとして、NPOなども含め、協働的な自治や統治による新しいコミュニティ、新しい公共を求めての動きが始まりました。そしてさらに、1995年の阪神・淡路大震災や2011年の東日本大震災の経験を経て、人の絆がより一層強く求められるようになってきています。

　新たな出会いによる社会的関係の形成、そのために必要となる場、それらを支える仕組みの3層のレイヤーがコミュニティデザインのために必要とされています（小泉、2016）。コミュニティは、あらかじめだれかによって計画され、実施され、創られるものではなく、相互にかかわり合いを深める中で、コーディネートし、創発的に、相互形成的に生まれ、互恵的に豊かになっていくものと言えるでしょう。

　では、そのような時代状況の中での「コミュニティコーディネーター（以下、CC）」とは、どういったものなのでしょうか。はじめてCC講座を、まちの保育園・こども園と東京大学大学院教育学研究科附属発達保育実践政策学センター

（Cedep）で共同開催した時、CCを保育にかかわる新たな専門職資格と考え、参加された方もおられました。「○○士」といった講座を設け、資格設置団体が教材を作り、資格試験を行い、有料で資格認定を授けることはよく行われます。その場合の資格は、特定の専門職の知識やスキルを認められ、一度その資格を取れば、その人はそれで「○○士」となります。

　CCの基本的な思想は、それとは対極をなすものです。松本理寿輝代表が第1章で書かれている「わけない」という思想がここにも表れています。園にかかわるだれもが、CCの視点やマインドセットをもち行動することでコミュニティのデザイナーであるCCとなる可能性が生まれ、そしてそれが、保育をより豊かにするのではないかという発想です。本書のタイトルが『保育をひらく「コミュニティコーディネーター」の視点』となっているのも、園にかかわる様々な人がCCの視点をもつと、保育により新たな動きが生まれるのではないかという私たちの願いを示すものです。

　私はCCのことをはじめて松本代表から学んだ時（秋田・松本、2016）に、これまで園で「事務職」と呼ばれ事務の仕事を中心に担ってきた人が、まちの保育の理念と結び付けられ、新たな名前が生まれ、園とまちの新たな関係や行動の渦が新たな価値を生むことで、保育の可能性をひらいていくことを経験しました。そして、まちの保育園・こども園で実際に

CCをされている方たちに、CCの専門性とは何かを知りたくて、高橋翠さんと一緒にCCの方たちに集まっていただき、聞き取り調査をさせていただくミーティングを複数回行いました。それが、CC講座共同開催のきっかけとなっていき、本書へとつながっています。

　その調査でわかってきたのは、各々の園は地域に根差していることから、そのコミュニティのあり方は多様であり、求められる具体的な知識も多様であること、CCはその人のそれまでの多様なキャリアを生かしながら、園の中で、園の中と外を、また園の外同士をつなぐいろいろなあり方をもたらしていることでした。

　園は地域の子育て支援のセンターであるということが言われますが、CCの仕事は地域子育ての支援をするためという発想ではありません。園の子どもたちへの日々の保育や、保育者の保育実践そのものが豊かになるためのコミュニティコーディネートを行っています。また、まちの保育園・こども園の理念は、イタリアのレッジョ・エミリアの保育哲学に大きな影響を受けていますが、レッジョ・エミリアには、ペダゴジスタやアトリエリスタはいても、CCという人はいません。それは、コミュニティの協同体思想は、イタリアでは園にも深く根付いているからとも考えられます。

　日本が現在抱えている、保育者の多忙化や長時間保育、安全性の言説のもとで地域との関係が閉じていく傾向があるか

らこそ、CCという視点を明示的に提示することが必然性をもつと考えられます。本書の事例の中でもCCの仕事が、CCの名で設置されている園もあれば、園長や主任、保育者、あるいは保護者がその役割を担っておられる園もあります。CCの機能や視点をだれかがもち、地域コミュニティの大人たちや専門家ともつながり合うことで、まちが、子どもたちにとっても「私たちのまち」になっていく。子どもの日々の園生活が豊かになり、保育者も地域とつながり、保護者もそこに参画し、地域の一員として協働で活動することで、子どもを中心とした喜びの輪を生む、関係性の網の目が園で生まれます。子どもたちが地域の市民として生きていくことの基点は園で生まれ、小・中・高校へと、その地域の関係性の基盤へとつながっていくことが大切です。

　CCの具体的事例を、この1冊の本の様々な語りから読み味わっていただければ、本書の構成や事例などの企画編集にあたった者の1人として、大変うれしく思います。本書を編集した2020〜2021年は新型コロナ禍下でありました。だからこそオンラインを利用した様々な知恵も生まれ、そうした事例も本書で紹介されています。おそらくそれらの事例は、ポストコロナになっても引き継がれていくことのできる事例になると確信しています。本書が、CCの視点を共有し、うちの園でも取り組んでみようという思いへの発火装置になれば幸いです。

引用文献　小泉秀樹（編）『コミュニティデザイン学　その仕組みづくりから考える』東京大学出版会　2016
　　　　　秋田喜代美・松本理寿樹・まちの保育園『私たちのまちの園になる―地域と共にある園をつくる―』フレーベル館　2016

もくじ

第❸章

実務Q&A

第❹章

コミュニティ
コーディネーターの
可能性を考える

園をコミュニティの
視点から見る

地域にひらかれた園の姿勢が求
められています。コミュニティ
コーディネーター発案者の思い
や、園とコミュニティの関係性
についての分析から、コミュニ
ティコーディネーターを園に配
置すべき理由が見えてきます。

1 コミュニティ
コーディネーターという、
新たな役割について考える

松本理寿輝（まちの保育園・こども園 代表）

次のイラストを見てください。
「わけない」という
名前の木です。

©Donny Grafiks

地上に生き生きと現れている、幹、枝、葉は、それだけで価値がありながら、ひょっとしたら、花も実もつけるかもしれません。それを、しっかりと、地下に張った根が支えています。

この「わけない」木。地上に現れている部分を「子どもが地域で生き生きと育つ姿」、もっと言えば、子どものみならず、子どもとその家族、保育者・地域を含む「コミュニティのウェルビーイング」とすれば、根っこは「保育実践や園の文化」となるでしょう。

そして、この「わけない」木は、水や光を受けるように、次の「願い」を受けて、時間をかけて育っていきます。

「知識を、わけない」

「あたま、こころ、からだを、わけない」

「一人ひとりの、違いを尊重しながら、わけない」

「市民として、大人と子どもを、わけない」

「教える人と、学ぶ人を、わけない」

「園と地域・社会を、わけない」

「ひと・いきもの・しぜん・ちきゅうを、わけない」

「あっちとこっち。世界を、わけない」

保育・教育の理念として、皆さんも大事にされている考えと共通することも多いと思います。

この「わけない」木は、子ども・保護者・保育者・地域や社会の人々の「コミュティ」で構成されています。みんなでつながり合って、まさに、1つの生命体なのです。

そうです。私たちは「わけない」を保育の"根幹"と考え、また、「保育をコミュニティの営み」と捉えています。

保育がコミュニティの営みである時、私たちは、コミュニティを有機的につなぎ合わせる、新しい役割の必要性を感じました。そこで設置を試みたのが、この本の主人公＝コミュニティコーディネーターです。

「相互形成的」「調整・連携・つなぐ」「翻訳」「耳を傾ける・声を聴く」「ハブ・仲介役」「余白」「新しい風」「異なる意見の共存」「開く・拓く・啓く」……。

この本の中にはたくさんのキーワードが登場してきます。すべてのキーワードの源流となっているのが、「わけない」である、と言うことができるでしょう。

この本では、様々な園や地域の「わけない」ための工夫が紹介されています。どうか、ご自身の園にフィットする考えやアイデアを探してみてください。そして気が付くのは、どの園や地域の実践も、どこかつながっていて、それぞれインスピレーションがあるということです。

コミュニティコーディネーターは、単に「地域交流」でも、十分に力を発揮する存在です。またそれ以上の存在意義として、「子ども、保護者、保育者、地域のコミュニティのウェルビーイングのための役割」があります。交流の当事者が、人生の物語を重ねながら、「理想的な子どもの環境づくりは、理想的な社会づくり」というビジョンにいつの間にか辿り着くように、"自然体な立役者"にもなることがあるように思います。

本書を通して、皆さんと、この新たな役割について考え、保育の根幹と、新たな実りを探っていければ幸いです。

2 園内外のコミュニティの分類とそれぞれの特徴

高橋 翠（東京大学大学院教育学研究科附属発達保育実践政策学センター 特任助教）

① 「つながりにくい」が 「つながらないと生きていけない」私たち

近年、日本を含む先進諸国の中で、孤独や孤立が社会問題化していることは様々なニュースで度々報じられており、皆さんもよくご存じのことと思います。

世間では関係性の希薄化が進む一方で、人間は本来的・本質的に社会的な動物であり、発生や発達、ウェルビーイングの維持のためには他者との関係性が必須であることが膨大な科学研究を通じて明らかにされています。

例えば、進化心理学者のR・ダンバーは、ヒトの高度な知性や複雑な言語・非言語コミュニケーションは、150名程度の集団の中でよく見知った人々と「うまくやっていく」ために獲得された適応であると指摘しています。ほかにも、著名な発達心理学者のJ・ボウルビィは、彼のアタッチメント理論の中で、子どもが他者との間で信頼に満ちた良好な関係性をつくることのできる力が、乳幼児期に主たる養育者との安定した関係性を通じて育まれることを論じ、後の研究者によってくり返しその正しさが実証されています。加えて、皮肉にも現代においてはじめて、心身の健康の維持のためには人と

のつながりが欠かせないということも明らかにされつつあります。

こうした研究動向とちょうど連動するように、政治学や経済学、社会学、教育学等の様々な学術領域でも、人と人との「つながり」およびそのあり方が、豊かで持続可能なコミュニティや組織（共同体）の要素であるという議論が盛んに行われてきました（森, 2017）。R・パットナムは、イタリアの各地域における民主主義制度の成功と社会の豊かさを分ける要因を分析し、イタリア北部に豊かさをもたらした特徴として、お互い様・助け合いの精神に基づき、相手を信頼し合うつながりに満ちていることを挙げています。そして、こうした市民のあり方によって、個人間の協力行動だけでなく、公共的な問題への参加（市民の協調行動）が促されると論じています。

パットナムは、レッジョ・エミリア市のあるエミリア・ロマーナ州が最も他者に対する信頼や市民の公共問題への参加が高い水準にあることを指摘しています。コミュニティコーディネーター(以下, CC)を導入したまちの保育園・こども園はレ

ッジョ・エミリア市の幼児教育アプローチを参考にしていますが、このアプローチは上述の市民のあり方に立脚したものなのです。園コミュニティの関係性を調整する役割であるまちの保育園・こども園のCCたちは、自分たちの保育・幼児教育思想を園や地域に根付かせる際の土壌づくりの役割も担っていると言えます。

② 「つながり」を調整するコミュニティコーディネーター

人と人とのつながりにおける心の働きを科学的に探究する社会心理学という学問領域では、人が2人以上いる時、そこに「社会」があると考えます。つまり、コミュニティは、ある人ともう1人の「つながり」から始まるということです。

さて、この本のテーマであるCCは、狭義には、まちの保育園・こども園（ナチュラルスマイルジャパン株式会社）ならびにその連携園において、自園の保育に地域資源を生かし、また園をまちづくりの資源として活用するという理念を実現するために配置されている専門職のことを指します（遠藤・秋田・松本, 2016）。CCを導入した保育園・こども園では、各園を、子どもを真ん中にしたそれぞれの「まち」のコミュニティの中心地として捉え、"「まちぐるみ」で子育てを、子どもたちと「まちづくりを」"をスローガンに掲げています（まちの保育園・こども園のウェブサイト参照）。その上で、まちの保育園・こども園の松本理寿輝代表は、CCのことを「園をとりまくあらゆるコミュニティの調整役」と定義しています（松本, 2017）。したがって、子どもを核とする園コミュニティ（子ども、保育者、ほかの職員、保護者）を起点として、その地域で生活する人々（祖父母や商店街や町内会の人々等）も含めた多様な関係性の調整を行うことが、園におけるCCの仕事であると考えられます。

なお、「園をとりまくあらゆるコミュニティの調整役」という松本代表のCCの定義を広く捉えると、たとえ特定の職種や役職として配置されていなかったとしても、園コミュニティを中心とした人と人との関係性の調整役を担っている方であればCCであると言えます。そうなると、読者の中には既に広義のCCとしての役割を担っている方もいらっしゃるかもしれません。また、この記事の読了後すぐにCCとして活動を始めることもできると考えられます。すでにご自身がCC的な役割を担っているかもしれないと思われる方は、ぜひ一度、自分が普段どのような場面で、どのような関係性を調整する役割を担っているか分析してみてください。ご自身が日頃無意識のうちに行っている園や組織における関係性調整業務は、おそらくそのコミュニティの内外に信頼感やお互い様精神に満ちた「つながり」を生み出したり、それを維持したりすることに役立っているはずです。

こうした一部の保育者や園関係者が密かに担っている"見えない業務"の内容や対象と、それを可能にする専門性（暗

黙知や実践知、スキル）を可視化し、各園で継承していくことは、園コミュニティの社会関係資本を持続可能なものにしていくために、実はとても重要な作業である可能性があります。これからCC的な活動を行いたいと考えておられる方は、ご自身の職種やスキル・資質からどのような活動が可能か、そして園や地域の実情に鑑みてどのような役割が求められる

のか（どのような関係性を、どのように調整することから始めたらよいか）を考えてはいかがでしょうか。

　以下では、CCとしての活動を検討したり、すでに行っているCC的活動を分析したりする際に役立ちそうな、CCの活動を捉える際の枠組み（CCの活動領域と活動例）をご紹介します。

③ コミュニティコーディネーターの活動領域と内容

　CCの活動領域は、園コミュニティ内部と園コミュニティ外部である地域・地域の人々に分けた上で、以下の4つに分類し捉えることができると考えられます。

❶ 園の人々をつなぐ
園コミュニティ内部の関係性を調整する

　園コミュニティ内部の人間関係を調整する業務です。ただし、子ども同士の関係性は原則として保育者の、保育者同士を含む職員の関係性は原則として管理職（園長や主任）の役割であると考えられます。また、子どもと保護者の関係の調整（子育て支援）や、保育者と保護者の関係の調整（苦情対応等）に関する業務については、どのような場合に・だれが・何に対応するのか、園という組織としての役割分担を予め決めておく必要があると考えられます。CCはそれ以外の関係性、例えば、保育者と管理職、異なる職種の人々との関係性において、悩みを聞く・相談に乗るといったことや、互いの

主張を翻訳したりする役割を果たすことができると考えられます。場合によっては、上で挙げた関係性について、CCという第三者も交えた会議やコンサルテーションの機会を設けたり、CCが心理職やソーシャルワーカー等のスキルを有する場合には対人援助職のスーパーバイザー役としての役割を担ったりすることもできるかもしれません。

❷ まちの人々を園・園の人々につなぐ
まちの資源を保育に生かす

　日々の保育にまちの人的・物的資源を活用していくことにかかわる活動です。例えば、子どもたちが興味・関心をもっている領域を専門とする方（○○博士や芸術家など）を園に招いて子どもたちと一緒に活動を行うことや、そのために専門家を探したり、どのような形で専門家を交えた活動を展開していくかということについて、主任・担任の保育者や専門家の意見や要望を聞きながら協議を重ね

ていったりすることが
含まれます。ほかにも、
保育者と一緒に子ども
の発達の状態や興味・
関心に合わせた散歩コー
スを考えたり、地域
の公民館や図書館、自
治体の補助金等の情報
を保育者や管理職に紹
介したりすることも含
まれます。特に新設園
のうち、ほとんどの職
員がほかの地域の住民
であるといった場合に
は、❷の活動に向けて
地域の特色や地域住民

図　CCの４つの活動領域

活動領域❷
【まちの人々を園・園の人々につなぐ】
まちの資源を保育に生かす

地域外の
人々や資源

**地域
コミュニティ**

自治会／町内会／
周辺地域で暮らす
人々や地域資源

園コミュニティ
子ども／職員／保護者／CC

活動領域❶
【園の人々をつなぐ】
園コミュニティ内部の
関係性を調整する

活動領域❹
【まちの人々をつなぐ】
地域の人々同士をつなぐ、
まちづくりに参加する

活動領域❸
【園・園の人々をまちの人々につなぐ】
園を地域の資源として活用する・園やそこで
育つ子どものことを"まちのこと"にしていく

に関する情報を収集するところから始め
る必要があります。そのため、この領域
の活動を担う人材（地域に関する情報収
集役）を配置しておくと、地域資源の活
用可能性が高まる可能性があります。

❸ 園・園の人々を
　まちの人々につなぐ
園を地域の資源として活用する・
園やそこで育つ子どものことを
"まちのこと"にしていく

　この領域の活動は、一市民として地域
で育つ子どもの姿を地域の人々に可視化
していくことや、園という資源を地域で
活用していくことにかかわるものです。
例えば、園に関する広報誌を作成して公
共施設等に掲示する、ウェブサイトで園
に関する情報を発信する、地域住民に向
けて公開保育を開催するといった活動が
含まれます。地域住民からの苦情対応も

場合によってはCCの業務になると考え
られますが、その際、問題解決に向けた
対話を重ねる中で「園を自らの地域の公
共施設としてより良いものにしていくた
めにはどうすればよいか」という視点を
地域の人々にもってもらえるよう、園の
理念や考え方を丁寧に説明したり、日々
の見守りに対する感謝を伝えたりするこ
とは重要であると考えられます。ほかに
も、園で地域の保護者を対象としたイベ
ントを企画しその運営役を担ったり、ほ
かの職員がイベントの運営者になる場合
には地域住民の特色やニーズに関する情
報を提供したりすることもあるでしょう。
園の施設（園庭や会議室）を地域住民に
活用してもらう際に、その連絡調整役を
担うということもあるかもしれません。
園のことを"まちのこと"にしていく活
動を継続していく中で、地域の人々とさ
らなる交流が生まれ、❷の「まちの人々

を園・園の人々につなぐ」活動がより充実したものになるという循環効果も期待されます。

この領域の活動についても、地域の人々との交流窓口としてCCのような担当者を立てておくと、地域の人々に園の顔として覚えてもらいやすくなり、継続した関係性が築きやすくなる可能性があります。あるCCの方は、園の前の道路（地域の共有スペース）を清掃しながら地域の方と世間話をすることがあり、そこで子どもたちの様子や園の保育について話題にしたことをきっかけとして、その方が園にかかわってくれるようになったというエピソードを紹介してくれました。園の前の掃除という小さな事柄でも、園を地域にひらいていくための糸口になることを示す事例であると考えられます。

❹ まちの人々をつなぐ
地域の人々同士をつなぐ、まちづくりに参加する

この活動は、CCが地域に出て行って町内会や商店街の行事に参加したり、CC自身が地域のまちづくりの活動に参加したりすることなどが含まれます。園コミュニティの外側でCCが地域の人々とかかわることで、例えば、CCが新し

く地域に移り住んできた保護者世帯と、古くからそのまちで暮らしてきた高齢者世帯の関係性の仲介役になるといったことも考えられます。CCが地域の人々の間に新しい関係性を生み出す触媒としての役割を果たす可能性もあるということです。

同様に、例えば、その地域や地域外でまちづくりにかかわる活動に参加することを通じて、まちづくり関係者やその地域に必要な知識や技能、アイデアをもった専門家とのつながりが生まれ、それが地域のまちづくりに変化をもたらす契機になるといったことも考えられます。

こうした園コミュニティ外部における関係性づくりは、例えば、保護者世代と高齢者世帯との交流を通じて、子どもが登園時だけでなく休日も公園や地域の公共施設を利用しやすくなったり、園の活動に興味・関心をもってもらいやすくなったりすることで、❷や❸の活動を促す役割を果たすと考えられます。それだけでなく、様々な世代の交流が促されることを通じて、地域全体で子どもや高齢者の見守りが行えるようになったりするなど、地域が潜在的に抱えていた問題の解決にもつながっていく可能性もあります。

④ 園や地域コミュニティによる「つながり」の課題とコミュニティコーディネーターの役割

実際にこれまでに挙げた各領域の活動をだれが担うかということは、園や地域の状況、CCの属性やスキル、関心など

の諸要因次第であると考えられます。しかし、ここまでの議論を通じて、CCは園コミュニティの内外において実に多様

な関係性を調整する役割を担う存在であること、そして各活動がいずれも、園を「まちの園」にしていくことや、まちぐるみでの子育て、子どもを中心としたまちづくりのための基礎になることが見えてきたのではないかと思います。ここでは最後に、園や地域によるCCの役割の違いについて少し論じつつ、後の章で展開される具体的なCCの活動紹介につないでいきたいと思います。

　公共政策学者の広井良典は、2007年に全国の市町村を対象としたコミュニティ政策に関するアンケートを実施しています。そこでは、「地域コミュニティづくりにおける課題・ハードル」として捉えている事柄も尋ねています。そこで最も多く選択されていたのが「地域コミュニティへの人々の関心が低い」、次いで「現役世代は会社への帰属意識が高く地域とのかかわりが薄い」であり、大規模自治体（都市部）ほどこうした回答が多かったことがわかりました（広井、2011）。広井はこの結果を踏まえて、地域コミュニティづくりにおいては、比較的「意識」や「関心」といったソフト面に関する課題が大きくなっていると述べています。したがって、特に都市部の園では、CCを配置する等により先に挙げた4領域の活動に持続的に取り組んでいくことを通じて、保護者を含む地域住民のまちづくりに対する意識が高まれば（つまりソフト面の課題が解決されることで）、地域のまちづくりに対して大きな波及効果が生まれる可能性があります。

　一方、上のアンケートで（地方の）小規模自治体の大部分が地域コミュニティづくりの課題として「若者の流出や少子化等のため人口が減少している」を選択していたことがわかりました。こうした地域では、CCが自治体等と協力しながら園を含むその地域での子育ての魅力や、子育て支援の充実度を地域の内外に向けて積極的に発信する、地域と協力して子育て世帯に優しいまちづくりに取り組む、地域住民と連携して郷土愛や地域への親しみが育まれるような保育カリキュラムを導入するといった形で、地域コミュニティづくりにおけるハード面（人口増加・若者世代の定着）の課題解決につながるような活動に取り組んでいくことも重要になってくる可能性があります。

　以降の章では、CCの方や、各園や地域でCC的な役割を担っている方々が実際にどのような活動を行っているかご紹介していきますので、読了後は、ぜひ上記の議論を踏まえて、それぞれの活動が各園や地域でどのような意味・意義がありそうか、考察を深めていただければ幸いです。

引用文献
森恭子 ソーシャルワークにおけるソーシャル・キャピタル活用をめぐる論点 社会福祉（58）41-54 2017
遠藤利彦・秋田喜代美・松本理寿輝『私たちのまちの園になる―地域と共にある園をつくる―』フレーベル館 2016
松本理寿輝『まちの保育園を知っていますか』小学館 2017
広井良典 地域再生への視点–自治体アンケート調査結果を中心に（特集 持続可能な地域コミュニティの形成に向けて）公共研究 7（1）22-45 2011

高橋 翠（たかはし みどり）
東京大学大学院教育学研究科附属発達保育実践政策学センター（Cedep）特任助教。専門は認知心理学、発達心理学。Cedepでは主に未来社会Society5.0における保育のあり方を探るべく、ICTやAIを活用した実証研究に取り組んでいる。

第❷章
実践事例

コミュニティコーディネーターを配置している園、コミュニティコーディネーターを配置してはいなくても、その役割を担う保育者がいる園、また、未来の保育者に向けた養成校での取り組みなど、実践事例を紹介します。

事例紹介INDEX

1

まちのこども園 代々木上原 （東京都渋谷区）

「まちってなに？」を 探究するプロジェクト

乳児期からのまちとのつながり方を探ることで、
子どもたちが、生まれながらの探究者であることを実感

「まちってなに？」の取り組み

　まちの保育園・こども園では、毎年「まちのカンファレンス」と称して、関係する5園揃っての合同研修を行っています。これまでは大きな会場に5園の職員全員が集まって研修を行ってきましたが、2020年度は新型コロナウイルス感染症の影響もありオンラインでの開催となりました。毎年、1つのプロジェクトテーマに沿って、各園が日々どのような保育の取り組みを行っているのかを分かち合う機会です。2020年度は「まちってなに？」というプロジェクトテーマでした。まさに、まちの保育園・こども園の名前にちなんだテーマです。まちの保育園・こども園の顧問である汐見稔幸先生に「まち」についてのお話を聞き、そこから各園が「まちってなに？」の問いに対し、それぞれの方法で半年ほどの時間をかけて取り組みを進めていきました。「まち」とはそもそも何か、まちぐるみの保育のあり方や私たちの理念をあらためて考える機会になりました。

　当園では「今の子どもたちの言葉・姿から始めよう」というテーマをもとにして、0・1・2歳児クラスは、日頃の子ど

もたちの様子や興味に的を絞った探究を行い、3・4・5歳児クラスは子どもたちに「まちってなに？」をまっすぐ問うことからプロジェクトを始めました。

　保育の中でどのようにプロジェクトを進めていくのか、保育者が中心となって、コミュニティコーディネーターも一緒にプロセスやスケジュールを考えます。その案を軸に、各クラス担任と子どもたちとで、それぞれの活動に取り組んでいきました。

　最初にクラスごとに探究を進め、その活動を全員で共有しながら、それぞれの活動を発展させていきます。お互いの活動のプロセスは、ドキュメンテーションやデイリーボードで掲示します。プロジェクト係の保育者が中心となって活動を

「どこから来たの？」。虫に興味をもつ子どもたち。

「まちってなに？」の問いかけに、様々な感じ方があることがわかる。子どもの捉え方は多様。

振り返りながらさらに発展させる、という流れで進めていくことにしました。

それぞれのクラスで進む探究

1歳児クラスでは、絵本をきっかけに子どもたちが虫に興味をもち、「どこから来たの？」「どこ行ったの？」など子どもたちからの問いが生まれました。虫や空の色、空に浮かぶ月など、出合うものや自分を包む空間など、子どもたちはすべてを"空間的""立体的"な「まち」として捉えていると保育者は感じました。2歳児クラスでは、保育室の壁に浮かび上がるスプーンの形の光に興味をもつ子や砂場や保育室で、電車・工事現場・車などのイメージを膨らませて「まち」を再現する子、英語を母語とする子としない子

がかかわる姿からも、「まち」にもっているイメージの多様性が感じられました。

五感で「まち」を捉える

そんな中、0歳児クラスでは、子どもたちの「感覚」に焦点を当ててプロジェクトを進めていきました。0歳児は、大人よりもたくさんの感覚をつかって外の世界を知ろうとする姿が多く見られることから、彼らが日々どのように「まち」を感じているのか、どんな感覚で「まち」を捉えているのか、その姿を切り取ってみようと保育者同士で対話をしました。

散歩へ出かけた際に犬を見かけると、子どもたちは「あー！ あー！」「わんわん！」と言葉や仕草で保育者に伝えようとします。視覚的に「見る」、それを表現

コニュニティコーディネーターからの提案で、スカイバスでまちの中を巡る。

しようとする姿は、「信頼している人に、自分の見つけたものを伝えたい」というような、子どもたちの想いが伝わってくる場面です。これも1つの「まち」との出合いの形と言えるでしょう。そして、その場にいる保育者が応答的なやりとりをすることで、子どもたちの記憶や理解は深まっていくのではないでしょうか。

　まちの中には、家やビルなどがたくさんあり、それぞれには壁があります。私たち大人は、毎日通る道すがら何気なく壁を目にしていますが、それも子どもたちにとっては貴重な、まちとの出合いの1つです。それぞれの壁を「触る」ことで、その材質の違いを感じ、確かめているようにも見えます。「触りたい」「もっと知りたい」という強い気持ちの表れでしょうか。

　そんなエピソードから保育者は、乳児保育の基本とされている"子どもの気持ちを代弁する"ということが、子どもたちの気持ちを本当に代弁できているのか、本当は違う意図や目的があるのではないか。つい、子どもの感覚を想像し、言葉にしてしまいがちであることに気が付きます。だからこそ、声かけ1つにしても、本当の意味で子どもをしっかりと観察し、捉えることが大切であると再認識したのでした。

　ある日の保育室では、1人の子が自分の目線よりも高い位置にある窓を指差して「んーんー」と必死で何かを伝えようとしていました。耳をすますと、窓の外からは工事現場のクレーン車の音が聞こえます。保育者は、以前、工事現場でクレーン車を見た時に聞いた音と同じ音だ

と気が付きました。彼は、「クレーン車を見せてほしい」という気持ちを、仕草で伝えていたのです。保育者は、クレーン車を「見る」という感覚だけで体験していると思っていましたが、「見る」だけではなく「聞く」という感覚もつかっていたことに気付きます。彼らは1つの感覚だけでなく、実は、五感をフルにつかって、まちの中にある様々なものやことと出合い、その体験を記憶しているのだと感じるようになりました。

一方、3・4・5歳児クラスでは、遠足に焦点をあてました。コロナ禍で遠足に行くために直面する難しい課題にどう対応するかを話し合う中で、コミュニティコーディネーターから、「天井がない"スカイバス"でまちの中を巡れば、もっとまちを知ることができるのでは？」というアイデアが出ました。天井がないバスなら、換気が行き届いているので感染予防にも配慮できます。そして「まちってなに？」プロジェクトともうまく融合させることができます。

コミュニティコーディネーターは各クラスでの対話の時間にも参加し、子どもたちが今何に興味をもっているのか、関

まちへの興味が深まり、保護者の声かけで近隣の銭湯の屋上へ。

心をどう深めようとしているのか、保育者と子どもたちの話に耳を傾けました。そして、その興味・関心に沿って、どのようにスカイバスでまちの中を巡るのかを考え、バス会社と運行ルートや当日の流れなどのやりとりを進めていきました。

スカイバスでまちの中を巡る体験の後、子どもたちは園の中で積み木や様々な素材を使ってまちの形を再現していきます。「まちってなに？」の問いに対しては、屋敷やお城など、昔のまちがイメージされていたり、「世界にはみんなのおうちがある」「まんまる」など、自分の身の回りだけでなく地球規模で「まち」を意識した答えも挙がったりしました。また、まちの中にあるものだけではなく、土や水、植物や宇宙などの自然物や自然現象について想いを馳せる姿も見られました。子どもたちは、「知識」に加え「想像」や「感覚」、そして「体験」から、さらに「まち」へのイメージを膨らませていく中で、現実と想像の世界を共存させていることがわかったのです。私たち大人が想像も

写真を見ながら、まちの今と昔を比べてみた。

できないような遠くの場所も、彼らにとっては身近なまちと同じ距離にあるのかもしれません。

一連の対話の中では、電気や雷、虹などの光に関する話題も多くありました。まちの中にある人工の光と自然光の対比など、都会の真ん中にある渋谷区という地域ならではの子どもたちのまちの捉え方もとても印象的でした。

バスでまちを巡っている時は「行ったことある場所だ！」「見て！」とうれしそうに話す姿がありました。知っていることの安心感や、感じたことの喜びが「わたしのまち」という感覚につながり、「まち」への愛着が生まれるのだろうと保育者は感じました。

一つひとつ進めていくにあたり、コミ

ュニティコーディネーターが中心になって動くのではなく、あくまでも調整役として、それぞれの保育者が進めやすいように参加しました。当園のコミュニティコーディネーターは、元出版社勤務で、ものごとを視覚化したり文章を書くことを得意としていたので、幼児クラスの対話にも同席しながら、子どもたちの言葉を文字に起こしたり、その対話や活動のプロセスを見える化して園内に掲示し、ほかの保育者や子どもたち、保護者とも共有しながら、取り組みに継続性をもたせていきました。

すべてが「まち」、すべてが学び

子どもたちの姿からたくさんの発見や気付きがありました。子どもたちは、手や指、肌や目など全身の感覚を研ぎすましながら「まち」を感じ、自分の心が動いた瞬間から、知識として理解し記憶へつなげていくということ。私たち大人は概念として「まち」を捉えますが、子どもたちはもっと細やかに時間をかけ、濃密な方法で「まち」を感じ取っているということ。子どもたちにとっては感じ取ったものすべてが「まち」であり、すべてが学びになるということ。そして何より、私たち大人が、子どもたちの想いや姿に共感し、見守ることで、「もっと知りたい」「また見たい」といった、子どもたちの未来への気持ちをつないでいくのではないかということなどです。

また、プロジェクトが円滑に進み、日常の保育の中で自然な形で取り組めたのは、コミュニティコーディネーターの多

0歳児クラスでは、子どもの「感覚」に焦点をあてた。

雷が光る「まち」を想像し、自分の知るまちと融合させ、表現する。

角的な視点が生かされたからなのかもしれません。保育者と違う立場の人がいるからこそ、子どもたちの活動の幅が広がっていくことは、常日頃から感じていることでもありました。

　0歳児でも5歳児でも、人はだれしもが探究心を常にもち、出会いや学びを日々積み重ねていけると考えています。そ

それぞれの思い描く「まち」を線画で表現する。

の積み重ねが、次の探究を呼び、生きる力を培っていくのではないかと思います。年齢、発達段階などに関係なく、子どもたちは常に学んでいて、生まれながらの探究者であることを示しているようです。

　私たちが住むまちには、「まち」を細やかに感じ取る感覚をもち、現実と想像の世界を結び付けられる子どもの存在があります。その一人ひとりが市民として必要不可欠な、大切な役割を担っているのではないでしょうか。「まちってなに？」のプロジェクトは、子どもたちがどのように「まち」を感じ、捉えているのかだけではなく、私たちが子どもたちとどうかかわり、どのような子ども観・保育観をもち、そして、自分がどうあるべきなのか、あらためて考えるきっかけにもなりました。

まちの保育園 小竹向原（東京都練馬区）

2 日常の保育を生かす 行事でまちとつながる

地域コミュニティの参加者でもある保護者を巻き込みながら、
保育者自身、一人ひとりがコミュニティコーディネーターに

コロナ禍で原点に立ち返る

　まちのこども園 代々木上原と同様、当園でも「まちってなに？」プロジェクトは始まりました。どのようなテーマで子どもたちとプロジェクトを深めていくのか職員と対話を重ね、まちの"歴史"にフォーカスしながらアプローチしていくこととなりました。

　具体的にどのようにプロジェクトを進めていくのかを、コミュニティコーディネーターから各クラス担任の保育者に投げかけました。対話のファシリテーションも行いながら、「まちってなに？」を、どのようなスケジュールで保育の中に無理なく取り込めるのか、それぞれのクラスや子どもたちの想い、職員の動き、園全体の特色や流れを汲み取りながら、大まかな方針と全体案を職員の意見をもとに整理し、提示しました。

　また、当園で毎年秋頃に開催している「親子で楽しむ会」（保護者・子ども・保育者みんなで集まって子どもたちの成長を共に分かち合い、ふれ合いを楽しむ時間）が新型コロナウイルス感染症の流行によって開催が難しいとされていましたが、状況をポジティブに捉え、「まちっ

てなに？」プロジェクトとかけ合わせ、今までとは違う形で新たな催しを企画することにしました。コロナ禍で様々な活動を止めざるを得なかった中で、コミュニティコーディネーターは「原点に立ち返る」ということを意識しました。「親子で楽しむ会」とは、そもそもなんだろう。楽しむとは、どういうことだろう。今までとは異なる保育運営の中で、大人も子どもも無理なく効率良く、そして何よりも、みんなが楽しみながら進めていくには？　研究プロジェクトと園の催しを兼ねつつ、子どもと大人の学びを深めるために試行錯誤をくり返しました。

日常の保育のために

　コロナ禍の中、大人数が一斉に集まることは難しいと判断し、今年度は「親子でたのしもう！」に名前を変更し、4・5歳児クラスを中心とした催しとなりました。担任の保育者と子どもたちとで対話を重ね、どのような取り組みにしていくのかを探っていきます。もちろん4・5歳児クラスが中心とはいうものの、担当者の責任や業務が多くなり過ぎないよう、フリーで動く職員やほかのクラスの保育

まちの中で見たり聞いたりしたものを話し合い、みんなで地図にしていく。

者とも密に連携をとっていきます。保育
者の中には、デザインすることが得意な
人、デジタルツールに詳しい人、近隣に
住んでいて土地勘のある人など、それぞ
れ特徴をもった人がいます。お互いの得
意分野を生かしながら、クラスの垣根を
越えてプロジェクトは進行していきまし
た。その都度コミュニティコーディネー
ターは、対話のサポートやアドバイスを
したり、まちの人々とのコミュニケーシ
ョンをとったり、保育者の想いやプロセ
スを丁寧に拾い上げていきました。

このプロジェクトには、保護者も積極
的に巻き込みました。私たちの園では、
保護者もコミュニティの中にいる参加者
であり、子育てのパートナーシップを大
切にしています。保護者は子育て、保育
者は保育、と分けるのではなく、共に子

どもを育てていく、そして大人も子ども
も共に育ち合うという考え方です。コロ
ナ禍で直接対話することは難しいため、
ICTアプリのアンケート機能を活用した
り、ドキュメンテーションやスケッチブ
ックを使ったりして、子どもたちがどの
ようにプロジェクトに参加しているのか、
そして、保護者やまちとどのようにプロ
ジェクトをつくっていくのかを伝え、こ
まめにコミュニケーションをとっていき
ます。保護者の職種は様々で得意分野が
それぞれにあり、地域資源の1つとして、
その力を多く借りました。最終的に「親
子でたのしもう！」は、子どもたちのや
りたいという声から、まちの中を歩くス
タンプラリーを行うことになりました。
使うスタンプは、保護者有志によるお手
製です。取り組みが終わった今でも、保

まちを知るには、歴史を知ることも大事。神社は古くからまちを見守ってきた場所。

育室の中で子どもたちに親しまれていま
す。
　取り組みの内容を深めるため、コミュ
ニティコーディネーターは、町内会や近
隣の小学校からまちの古い写真データを
集めました。0歳児クラスの保育者は、
まちの名前の由来・境界や歴史を、1歳
児クラスの担任保育者は、まちに昔から
いる人・ゆかりのある人・人から人への
つながりなどを調査します。2歳児クラ
スは子どもと一緒に神社へ出かけ、子ど
もたちにとって、そこがどのような場所
なのかをリサーチしたり、3歳児クラス
はまちの中を探索して、見たもの聞いた
ものを地図にしたり、まちの様子を絵や
制作で表現していきました。商店街の
八百屋さんや、保育園の隣にあるカフェ
「まちのパーラー」に子どもたちが出向

いた時には、店内にある包丁や珍しい機
械に興味をもった子どもたちから質問が
あがります。「どこからパンを運んでく
るの？」「野菜はどこで切ってるの？」
「八百屋さんはいつからあるの？　お侍
さんがいる時から？」。コロナ禍で、子
どもたちが直接質問しに行くことは難し
かったため、その問いに対するインタビ
ュー動画を1歳児クラスの保育者が撮影

狛犬さんに、ごあいさつ。

します。4・5歳児クラスの子どもたちは
パソコンを使ってそのインタビュー動画
を眺め、少しずつ着々とまちを知ってい
くのでした。

　こうして、保育園の中だけで「親子で
たのしもう！」の形をつくっていくので
はなく、保護者やまちの人を巻き込み、
子どもを囲む人々みんなで取り組みをつ
くり上げていきました。昨今、そのあり
方が見直されている保育園でのイベント
や行事。もともとの「親子で楽しむ会」も、
行事の練習や準備のために日常を費やす
のではなく、子どもたちの日常をみんな
で分かち合おうという目的で毎年行われ
てきました。今回の「親子でたのしも
う！」も、その準備のために多くの時間
や労力を費やすのではなく、"日常の保
育のために行事を生かす"という意識を
常にもって進めていきました。

　毎日の生活から分断された非日常のイ
ベントなのではなく、大人にとっても子
どもにとっても、日常の延長線上として、
自然と私たちの過ごす毎日に溶け込んで
いく「親子でたのしもう！」なのです。

積み重ねてきたまちとの
かかわりが歴史の１つに

　園運営のICT化がタイミングよく進ん
でいたこともあり、コロナ禍での保護者
とのコミュニケーションのハードルは、
それほど高くありませんでした。取り組
みの趣旨や変更理由、開催概要のお知ら
せ、アンケートは、アプリを使って素早
く発信。保護者との運営委員会ミーティ
ングもオンラインで行うなど、コロナ禍

まちの人々はいつも温かく迎えてくれる。

でも連携を密に行っていました。

　また、今までもまちとのつながりを強
くもってきたからこそ、コロナ禍でのま
ちとのかかわりにも壁はありませんでし
た。神社や小学校、図書館、町内会、お
蕎麦屋さん、八百屋さんなど、以前から
まちぐるみで一緒に子どもたちを見守っ
てきてくれた方たちだからこそ、実施し
たことのない新しい取り組みにも積極的
に協力していただけたように思います。
散歩コースの途中にある、美容室の玄関
にいつもいる２匹のカメは、以前から子
どもたちに大人気。この機会にはじめて
美容室の方とコミュニケーションをとり
ましたが、快くプロジェクトへの賛同を
いただきました。これも、普段から子ど
もたちが足を止めてカメをかわいがる姿
が、まちの中に馴染んでいたからでしょ
う。散歩先の公園に行くことだけが目的
なのではなく、まちを歩く道中、そのみ

ちくさを楽しみ、「ひと」や「もの」との出会いを、時間をかけて丁寧に育む。その過程の中にこそ、深い学びや価値がある。日々、私たちが大切にしているプロセス主義は、このプロジェクトの中でも変わらず大事にされていました。

　「まちってなに？」の問いに対し、子どもたちはそれぞれの答えを紡いでいきます。すぐに出てくる答えもあれば、保護者やまちの人とふれ合った時間の中でこそ生まれる答えもある。1人では生み出せないアイデア、そして、そこから新たな問いも生まれたことでしょう。問いは答えを生み、そこから新たな問いも呼ぶ。問いの連続が、次への探究につながっていきます。当園では、まちの"歴史"に焦点をあててこのプロジェクトを進めていきましたが、まさにこうして、「ひ

と・もの・こと」が混じり合い、ゆっくりとプロセスを踏んでいくことが歴史の1つとなっていくのだと思います。まちの歴史をつくるものは、その時間の経過だけでなく、そこにあるコミュニティや人々の気持ちがあってこそなのではないでしょうか。

実体験が保育・教育を強くする

　コミュニティコーディネーターはこの一連の活動の中で、職員の提案を生かし、デジタルツールを積極的に導入しつつも、やはり、生の体験に素晴らしさがあることを実感しました。プロジェクトに参加した保護者からは「子どもたちがまちをおもしろがっていた」「まちを通して先生たちとふれ合える機会が新鮮で良かっ

「まちってなあに？」の問いに対して、子どもはそれぞれの答えを紡いでいく。

まちを歩きながら、子どもの心の変化を感じ取る。　保育室での遊びの中にも「まち」が意識された。

た」と声があがり、子どもたちの姿を見た保育者は「別の活動の時にも、まちの名前が自然と出てくるようになった」「○○に行きたいと、まちへの期待感をもつことが多くなった」と感じたようです。

　保育者自身の姿にも変化が出ています。実際にまちの中を歩き、地域資源の貴重さを再発見したり、より一層まちの人や保護者とのかかわりをもつことで、まちぐるみで子どもを見ることのおもしろさや魅力にあらためて気付き、園の掲げる保育理念の意味やあり方に立ち戻ることもできました。

　今までも今回も、コミュニティコーディネーターは、保育者や子どもたちの姿を様子見することを常に意識していました。「助けて」という声があれば、もちろん手を差し伸べますが、自分の価値観や想いを押し付けすぎないよう、そして、保育者が子どもたちと向き合うことに専念できるよう、保育者一人ひとりの違いも尊重しながら、コミュニティを調整していきました。

　コミュニティコーディネーターが先頭に立ってリードしなくても、まちぐるみの保育が成り立つのが理想だと思います。

保育者自身が率先してまちとの交流に取り組み、保育者もコミュニティコーディネーターの1人となりうる文化が園内に根付き、園外のコミュニティとの交流が続いていくうち、それが、まちの歴史の1つとなっていきます。子どもたち、まちにとっての深い学びになる保育・教育が、園から社会へと広まっていくことを願っています。

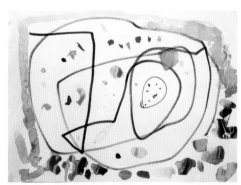

実体験から「まち」が描かれている。

社会福祉法人愛育福祉会 **上田面木こども園**（青森県八戸市）

お花屋さんが
やって来た

定期的にお花屋さんがやって来ることで
子どもの感性を育てる

舘 宣亨（園長）

心が豊かになる花のある暮らし

　子どもたちは、散歩に行くと花や草、植物を、大切そうに手に握りしめて帰ってきます。「見て、きれいなお花」「このお花の名前、なんていうの」「お部屋に飾ってもいい？」。植物には自然と人を引き寄せる力があります。

　そんな子どもたちの姿や保育者とのかかわりを見ていたら、「お花屋さんが来て、園にいろんなお花があるっていいな」「お花屋さんと子どもが、もっと身近に話せる環境があったら幸せだな」「カフェやコーヒーショップのように、毎週お花屋さんが生け込みに来て、自然と花が空間にある……そんなことを、こども園でもやりたい！」という思いが。そんな話を地域のお花屋さん「milcah」に話したところ共感していただき、季節やその時の伝統行事にちなんだ花を、毎週、生け込みに来てくれることになりました。

　はじめは、玄関でお花屋さんが花を生けている姿を見て、興味はあるけど緊張して話しかけられず、遠くから見ているだけの子どもたちでしたが、毎週来るお花屋さんを見て、「今日は何のお花？」「お花ちょうだい」「このお花好き」など、自分から話しかけるようになり、お花屋さんが園にいるのが、自然な環境になっていきました。

　散歩で花を摘み、花束にして園に持ち帰って、保育室や玄関に飾ったり、「このお花、玄関にあるのと一緒だ！」と、花や植物に対しての探究心が今まで以上に湧いてきて、たくさんのことを気軽に直接お花屋さんに聞ける環境があることで、子どもたちの学びが深まってきているように感じられます。

お花をプレゼントしたい！

　卒園式が近づくと卒園する子どもたちと保育者で、式をどのようにしようかという話し合いが開かれました。子どもたちからは、手紙や絵を書いて渡したい、自分の言葉で日頃の感謝を伝えたいなど、様々なアイデアが出る中、1人の子どもから「お花のプレゼントがしたい」「プレゼントするお花を、お花屋さんに行って自分たちで選びたい」という言葉が出てきました。

　保育者と子どもたちが相談した結果、「milcahさんに頼んだらどうだろう」となりました。その日のうちにお店に行っ

笑顔で花を選ぶ幸せな時間。花屋さんの訪問が、あたりまえの環境に。

て相談したら、園にお花を持ってきて、「子どもたちが自由に選んでプレゼントしたい花束を作れるようにしてあげる」とmilcahさんから提案があり、園で"出張milcah"を開いてもらうことが決まりました。

　早速子どもたちは、お母さんやお父さんにプレゼントしたい花を自分で考えたり図鑑を見て決めたりして、できる限りの希望をmilcahさんに伝えてお願いしました。当日はmilcahさんが子どもたちの希望をもとに、100本を超える花を園に持ってきてくれて、本当のお花屋さんを開いてくれました。お花を選んでいる子どもたちは、お母さんやお父さんのことを想いながら、1本1本、笑顔で選んでいる顔がとても幸せそうで、感動的な時間でした。

　コミュニティコーディネーターがいない園もあると思います。ですが、「園にいるだれもがコミュニティコーディネーターの役割をすることが可能だな」と私は感じています。すでに、その役割を担っているのかもしれません。幼児期は、子どもたちの人格を形成するうえで、もっとも大切な時期だと言われています。ですから、この時期に出会った人とのか

かわり方が、非常に重要なのだと考えています。だからこそ、コミュニティコーディネーター、または、その役割をできる人が、園と地域の人とのハブになって、子どもたちの世界を広げるきっかけをつくることが必要なのではないでしょうか。

　園ではお花屋さんのほかにも、給食では地元のパン屋さんの食パンを提供したり、おやつに地元で創業100年になる和菓子屋さんの、伝統のお菓子を提供したりしています。園で提供しているパンや和菓子を子どもがおいしいと食べて、そのことを子どもが家庭で話し、休みの日に家族でお店に買いに行く。そこでまた新たな出会いがあり、新しいつながりが生まれる。そうやってコミュニティの輪が広がることで、子どもを取り巻く環境に様々な人々が入ってくる。そのことが、子どもたちの育ちには大切なのではないかと思っています。

　地方都市であれば、できるだけ地元の人たちやUターンなどで地元に戻ってきた若い人たちと交流をもつことで、少子化が進む地方都市に、なんらかの刺激を与えられるのではないでしょうか。

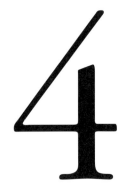

社会福祉法人昭代福祉会 **昭代保育園**（福岡県柳川市）

園内菜園から広がる地域の輪

子どもと保育者が地域とかかわることで
地域の価値を再定義することになった

増田英文（社会福祉法人昭代福祉会 法人統括リーダー）

たくあんって何？

　当園は、福岡県柳川市の農漁村地域にある保育園です。近隣コミュニティの地域特性を生かした保育のあり方を考えて、子どもたちと共に様々な取り組みを行ってきました。コミュニティコーディネーターは配置せず、園内外のコミュニティや文化、地域性をつなぐ視点を子どもと保育者が共有することで、様々な活動を展開しています。

　その1つが園内菜園です。子どもたちが季節ごとに育てたい野菜を決め、栽培しています。子どもたちは、野菜の成長を楽しみに、水やりや草取り、声かけ（野菜がより育つ方法として子どもたちが考えたもの）を行っています。

　11月のある日、3歳児クラスの子どもたちが「畑のポルカ」を歌っていたところ「見たことないような大根」という歌詞に触発され、菜園で育てている大根の探究が始まりました。色や味、大きさはどうなのかを想像して、絵や折り紙で一人ひとりの「見たことないような大根」を作ってみることになったのです。

　その中で、「たくあんって何？」という声があがりました。そこで、保育者が声をかけ、園児の曽祖母の方から、作り方と試食用のたくあんをいただき、たくあん作りへとつながっていきました。まず、大根の研究のために、近くの八百屋に大根を見に行った子どもたちは、お店の方に大根についての話を聞き、本物の大根の大きさに驚いていたようです。

　その後、園内の大根を収穫し、実際にたくあん作りが始まりました。大根を干したり、塩漬けしたりするのですが、子どもたちは大根が小さくなったり、柔らかくなったり、匂いが変わったりという

折り紙でたくあんを作り、それが実際のたくあん作りに発展した。

変化に気付くことができました。出来上がったたくあんを食べた子どもたちの表情はとても満足げでした。このような一連の流れをドキュメンテーションにしたところ、たくあん作りを教わった曽祖母の方の家庭から、園での取り組みに対する感謝のお手紙をいただきました。

　また、7月のある時には、園の食育活動に興味をもたれていた地域の農場から「子どもたちに、ぜひとも食べてほしい」と、生で食べることのできる大量のとうもろこしをいただくことがありました。法人内の2園でシェアし、園内でのとうもろこしの皮むき体験や、各家庭に持ち帰って家庭での食育につながりました。

　このほかにも、地元JAの青年部との食育活動（じゃがいも掘りや大根収穫、いちご狩り）などもしていますが、前述の農場や青年部の担い手の方々は、当園の卒園児で、食育を体験してきた世代になってきています。

私たちの地域だからできること

　これまでの活動を振り返る中で、子どもたちと共に地域にかかわることの意味が変容してきていることを感じています。それは、園内の子どもたちや保育者がより多様な学びを得る機会になっているだけでなく、子どもたちによって地域の価値が再定義され、地域のコミュニティの方々にも学びを生んでいるということです。

　このことから、主幹産業が農漁業や家具などの製造業であるこの地域で、流出人口も多い中、保育が地域コミュニティ

とうもろこしの皮むき体験や大根の収穫に協力してくれた農場やJA青年部の方々は園の卒園児。近くの八百屋さんに見学に行った時は、大きな大根にびっくり。

と深く結び付くことで地域活性化やまちおこしにつながっていくのではないかと考えています。また、子どもたちと共に私たち大人も、地域や産業、特産品などの価値を探究していくことが、新たな地域の価値の創造につながり、だれもが主体的に参画できる持続可能な地域社会の構築が進んでいくことを願っています。

　そのためには、「私たちの地域だからできない保育」ではなく、「私たちの地域だからこそできる保育」を子どもたちと探究し、子どもたちの声に耳を傾けることが、とても大切だと感じています。また、これからは園内外のコミュニティをつなげるだけでなく、園内にあふれている豊かな子どもたちの言葉を、いかにしてコミュニティに届けていけるかが課題となっていくでしょう。

はなさかす保育園（東京都港区）

5 園と企業で取り組んだ 「はなさかすアクション」

企業主導型保育事業の園が、設置者のテレビ局と広告代理店と共に
取り組む子どもと大人の「育ち合いの場」づくり

野原圭以（保育士・コミュニティコーディネーター）

子どもには安心を 社員には子どもの世界観を

　園の願いの1つに「社員や会社が、子どもから学び、育ち合う」という言葉があります。これは園に携わるすべての人の願いです。そのため、子どもと会社、社員の方がかかわる機会をつくり出すことに摩擦はありませんでした。とはいえ、普段直接かかわることの少ない社員の方と子どもたち。その出会いのあり方については丁寧に話を進めました。子どもにとっては【存在を認識すること、たくさんの人に見守られる実感】を。社員には【子どもの見ているものや時間感覚を共有し、大人の目線や枠組みを離れ、新たなものの見え方や発想に気づける機会】を。「はなさかすアクション」は、まさ

にそれを体現しようと生まれた、私たちの独自の取り組みです。

子どもの生きる力を知る

　子どもとの穏やかな出会いの場を想像し、社員の方には「保育士体験」という形で園へ遊びに来てもらうことにしました。時期は、子どもの生活が安定する春以降、時間帯は夕方の90分、参加人数は各社2名ずつ。園側は安全に配慮し、そして子どもの主活動を妨げないように、共に計画を練りました。

　当日、子どもと過ごす際の配慮点は事前に伝え、子どもと社員の方とのかかわりを大切にすべく保育者を全体の見守り役としました。はじめは、子どもたちを目の前に、少しおっかなびっくりする社員の方々。小さな子どもたちを傷つけぬよう、壊さぬよう……と慎重に慎重に接する様子。そんな大人を見て、むしろ子どものほうが堂々としているようでした。子ども自ら膝に乗ったり、「読んで」と絵本の読み聞かせをリクエストしたり、その反応に社員の方々のうれしくも、呆気に取られる表情の数々が印象的でした。
　1日を終えて感想をうかがうと、その

数々の出会いがお互いの豊かな経験になる。

100名以上が参加した「はなさかすダイアローグ」。保育士体験をした人が、それぞれの子ども観などを語った。

出会いに衝撃を受け、「子ども一人ひとりが自分をもっている」「自分は遊んであげよう！ と意気込んでいたが、子どもはそれを必要とせず、自分の世界観をもっていた」等、たくさんのうれしい言葉をいただきました。また、保育者の専門性の高さにも目をとめていただき、保育者自身が社会的役割の意味を深められる、大きな自信をいただく機会にもなりました。

この経験をきっかけに、「オフィス散歩」を実施しました。テレビ局や広告代理店で働く大人の姿や、その環境に興味津々の子どもたち（と保育者たち！）。社内の廊下を園児が練り歩く姿はとてもおもしろく、有意義なものでした。

それから、「はなさかすダイアローグ」として皆が集い、対話する機会をもちました。100名以上が参加し、保育園での出来事を大きなオフィスで話し合う風景は、これまでの環境では想像もできないことでした。あらためて、会社の方々が我々保育者と同じ願いを共有し、絶えず見守られていることを実感しました。ダイアローグでは保育士体験をされた方を中心に、体験から感じられた子ども観などが語られ、文字通り、子どもの有能さ

子どもの世界観を身近に感じる貴重な機会に。

を知っていただく機会となりました。

すべて新型コロナウィルス感染症が蔓延する前の取り組みですが、こうした様々な大人と過ごす経験は、赤坂のまち、地域や近隣の方々にも見られるようになっています。

今後の課題

コロナ禍において、こうしたダイレクトなかかわりが縮小傾向になりました。交流の仕方も柔軟に、日々考えながら実践しています。私たちの「はなさかすアクション」は、大変豊かな経験の1つとなっており、子どもにとってこの出会いの数々が「たくさんの人たちが自分たちを愛し、見守ってくれる」という認識となり、子どもの自己肯定感や愛着へとつながっていくと感じています。これからも会社と園、社員と子どもとの【豊かな出会い場】を耕す機会に携わりたいと思います。

6

社会福祉法人早苗会 **早苗保育園**（東京都世田谷区）

地域の保護者の悩みに
寄り添う園庭開放

孤独な子育てに悩む地域の保護者のために
園が地域の基地になる

小澤知子（コミュニティコーディネーター）

子育てに悩む地域の保護者

当園は住宅街にあります。新しい住宅がたくさん建ち、ほかの地区から引っ越して来る方も多くなりました。核家族が多く、子どもを出産しても相談する所がわからなかったり、そもそもなかったりして産後うつになる方がいることや、「子育て」ではなく「孤育て」が増えていると知ったのが、地域活動事業を始めたきっかけです。

保護者からは、「同じような悩みをもつ人と知り合いたい」「公園に行ってもお母さんたちに気を使ってばかりで、のびのび遊べない」「知っている人がいない」「遊ぶ場所を探すのが大変（わからない）」「安心できる場所を見つけたい」

「ほかの子との育ちの違いがわからなくて不安」などの意見をうかがいました。そこで、「園が地域の基地になることが、子どもと保護者の心を豊かにする」という考えのもと、園の特徴でもある「広い園庭」を有効活用しながら「園庭開放」を実施することにしました。

園庭開放をスタート

単純に園庭開放と言っても、たとえ地域内の人々でも園外の人たちを受け入れることになるので、園長やほかの職員の同意に加え、在園児の保護者の理解を得る必要もあります。収集した意見をまとめ、皆さんに丁寧に説明し、まず週3回、10〜12時頃までの2時間程度にする、事前予約（電話）をする、来園したら必ず名簿に名前を書いてもらう（名前・住所・電話番号）、などの条件で了承を得て、実施することになりました。

最初、あまり大々的な告知はせず、園の周辺にだけ、自分たちで作ったチラシを配布しました。何かのきっかけでそれを見た人が予約をして来園するという形式にしたのです。当初、宣伝が少なかったためか、なかなか予約は入りませんで

園が子育てに悩む保護者の心の拠り所に。

保育園の子どもたちは、友だちとかかわるのが上手。はじめて来た子どもを、自然と受け入れる。

した。しかし、少しずつ「チラシを見た」という問い合わせが増えて予約が入るようになり、週3回の開催で、各回1〜2組ずつの来園があるようになりました。

「子育ては楽しい」と感じてほしい

はじめて園に遊びに来た子は、在園児に圧倒されるのか、保護者から離れられず、保護者と手をつないで遊具で遊ぶ姿が多く見られました。

ある日、母親、祖母と遊びに来たAくんも、やはり、最初はどこに行くにもついて来てほしくて、母親、祖母と手をつないで遊んでいましたが、次第に慣れてきたのか、自分の遊びたい場所で遊べるようになっていきました。そこへ、同じ歳のYくんが来て意気投合。2人で砂場に行き、ご飯を作ったり、園庭を走ったり、三輪車に乗ったりするうち、Aくんの表情も和らぎ、笑顔が見え、楽しそうに遊ぶ姿が見られるようになりました。保護者も、お子さんが心から安心して遊ぶ姿を見て、「普段、家では大人と遊ぶことが多く、公園に行っても1人で遊んでいます。保育園の子どもたちは、普段

から友だちとかかわることが多いからか、自然と声をかけてくれるので、息子が心を開くきっかけをつくってくれました。すんなりと打ち解ける姿を見ると、連れて来て良かったと思えました」と、とても良い表情でおっしゃっていました。

開放された園庭では、子どもたちは、普段と違った姿を見せてくれます。また、保護者は、保育者との何気ない会話の中で、子育てのことだけでなく、それ以外の困りごとについても話せます。気持ちを少しでもリセットしてもらい、「子育ては楽しい」という思いをもってほしいという気持ちで取り組んでいます。

今後は、地域の皆さんにも楽しんでいただけるように、園庭開放に来てくださった園外の保護者や、保育者、在園児の保護者からも様々な意見を聞きながら、子どもも大人もワクワクでき、園に遊びに来ることが楽しいと思えるイベントを考えていきたいです。保育園が、「地域の基地になることが、子どもと保護者の心を豊かにする」という考えをいつまでも忘れず、様々な人たちと協力しながら子育てが楽しいと思ってもらえるような、気軽に来られる子育て支援の場にしたいと思っています。

7

社会福祉法人育美会 **生品保育園**（群馬県太田市）

学童保育所行事が
市公認の地域行事に

学童保育所の保護者会の提案で始めた「どんど焼き」が
今では地域交流の場になった

栗原 惇（副園長）

始まりは学童保育所の
保護者会活動

1988年、2人から始まった学童保育所は保育園の敷地に併設していることもあって、卒園児のほとんどが入所するようになり、現在では、1年生から6年生まで200名程の児童が在籍しています。

学童保育所を始めて10年ほど経った頃、なかなか子どもたちが自主的に参加できる活動がなかったことから、保護者会役員の方から提案していただいたのが「どんど焼き」でした。

小正月に行われるどんど焼きは、現在では行われることの少ない「塚作り」「七草がゆ」や「まゆ玉作り」などが主な活動内容です。加えて、無病息災、豊年満作、五穀豊穣を祈念する、みんなの幸せを願う行事であり、大人から子どもたちに伝えていく文化として、とても意味のあるものだと思い、学童保育所の行事として行うことになりました。

学童保育所から
地域のどんど焼きへ

2002年1月12日。群馬名物、からっ風の強い日でした。園庭で塚を作って火付けをしたものの、風の勢いに、園舎に火が燃え移ってしまうのではとヒヤヒヤしたのを覚えています。そんなこともあり、元々どんど焼きは田んぼで行われていたということで、2003年からは、近所の方のご協力をいただき、広い田んぼをお借りして行うようになりました。

開始当初は、田んぼで燃え盛る火に「何ごと？」と怪訝な様子で見ている方もいたのですが、区長を通じて回覧板で地域全戸にお知らせし、回を重ねるごとに「小正月にはどんど焼き」と、地域の方にも浸透していきました。「今年のどんど焼きはいつですか」と問い合わせもくるようになり、車椅子を押して足を運んでくださる老夫婦もいます。地域の消防団の方々も消防車で乗り入れて、子どもたちや保護者の皆さんと一緒に塚作りなどを手伝ってくださっています。

「何やってるんだい？」と、ちょうど通りかかった太田市の清水市長が、「これは市の『1％まちづくり事業』になるよ。

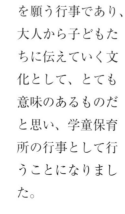

この先ずっと続いていくように願いを込めて。

申請してみたら？」と教えてくださいました。これを機に、2007年には地域コミュニティの活性化を目的に、「地域が考え行動し汗を流す」行政と住民の協働事業である太田市の1％まちづくり事業の1つとして活動するようになりました。

　学童保育所の保護者会活動として始まったどんど焼きが、年を経るごとに少しずつ地域の恵まれた環境をお借りしながら広がり、太田市の事業となりました。

子どもたちの活躍

　塚に入れる「あんこ」と呼ばれる竹や杉などを地域の方にいただきに行くこと、火起こしから塚への火付け、七草摘みをしてからのおかゆ作り、地域のおばあちゃんたちとのまゆ玉作り。始めてみると、どんど焼きには子どもたちが自らかかわれる活動が多くあることに、あらためて気付きました。

　6年生男子が中心となって行う火起こしは、なかなか火が起こらず、汗をかきながら何人もが順番で挑戦します。やっとの思いで小さな煙が出た時は、大きな歓声が上がりました。松明を掲げ、一斉に「点火！」の声に合わせて大きな塚に火をくべると、一気に炎が天にのぼっていきます。その様子は年のはじめに集まった地域の人々の心が1つになり、青い空に向かうかのようでした。

　地域に活躍の場があり、様々な世代の人と交流をもてるこの体験は、子どもたちの今後にも生かされていくことと思います。

「どんど焼き」が地域全体で心待ちにする行事になった。大きな塚に一気に炎があがる様子は圧巻。

私たちのどんど焼き・夢

　私たちのどんど焼きは、伝統文化の継承、地域交流を大切にし、さらに、子どもたちが意欲的に活動できる場であることを大切にしています。第1回に子どもとして参加していた人が、今では保護者として参加してくれているように、今の子どもたちが大人になっても参加できるよう、私たちのどんど焼きがこの先もずっと続いていく地域の伝統になるといいなと思っています。

　開催した当初、学童保育所の関係者が多かったのですが、今では地域のみんなが楽しみにする行事になってきました。規模の大小を問わず、地域に根付いた新年の行事、燃え盛る火にみんなの希望を託せるような行事であってほしいです。

学校法人加藤学園 **Kanade流山セントラルパーク保育園**（千葉県流山市）

8 地域の子育て基地を めざして

地域住民が運営にかかわる「まちづくり事業」に参加して
田んぼで本物の体験を

滝口 優（コミュニティコーディネーター）

地域との接点をつくりたい

当園は、千葉県流山市に2018年に開園しました。それまでは千葉県野田市にて野田北部幼稚園を40年運営してきました。子どもを中心に、保育園・地域がつながり合う「まちぐるみの保育」。人間性の土台を築く乳幼児期に良い出会いと豊かな経験を提供して、保育園が既存の枠組みを超えた「地域の子育て基地」となることをめざしています。

流山市は「母になるなら、流山市。」のキャッチコピーで、プロモーションを行っており、市外から子育て世代を中心に流入しています。

開園して4か月目の8月、慌ただしさも落ち着いてきていました。園内のコミュニティもまだ形成されていないものの、今後の地域との接点をどのようにつくっていくかを考えていました。保育園、子どもたちを応援してくれる仲間が欲しかったからです。そんな中、流山で「machimin」というコミュニティスペースを運営し、まちづくりを事業としている株式会社WaCreationの存在を知りました。「machimin」は、地域住民も運営に積極的にかかわっており、世代を超えた新住民と地元住民の豊かな交流をつくっていました。仕事の範囲は異なりますが、理念や考え方に共通することが多くありました。

その会社が「農家さんとつくる自然遊び企画」を開催していて、代表の手塚純子さん、「流山お田んぼクラブ」の岩根宏さんに園の理念に共感いただき、青空企画会議に参加させてもらいました。

お二人の企画構想を聞いて、1度きりのイベントではなく、今後も、流山の野菜や農家さんとふれ合ったり、地域を知ったりすることを通して、自然遊び等の保育の発展につながることが期待できました。何より、これから地域との関係をつくっていく中での大きな出会いになる予感がありました。実際にその後、お二人とのつながりがきっかけで、地域で活動する様々な方との出会いがありました。

青空企画会議も豊かな交流の場。

「藁フェス」で巨大なティピを作ったり、ドラムサークルや羽釜での炊飯を楽しんだ。

今までにない
田んぼの楽しみ方を

　何度か会議を重ね、「藁フェス」というイベントの名前が決まりました。羽釜で炊いた流山の新米をいただくことや、藁を使って巨大なティピや藁細工を作ること、ドラムサークルなど、老若男女が楽しめる内容も決まりました。また、巨大なティピを作るため、竹やぶから竹を切り、骨組みを作る作業などを経て、企画参加者のお互いの理解や結束が高まっていきました。

　当日は、園児の家庭だけでなく、地域の方にも参加を募り、参加人数は100名を超えました。田んぼにはじめて来た子どもたちも多く、豊かな自然の中で走り回っていました。巨大な藁ティピ作りや藁細工作りに参加して親子で記念写真を撮ったり、ドラムサークルに参加しておもいっきり太鼓を叩いたりするなど、とても盛り上がりました。何より羽釜で炊いた新米のおいしさは、大人も子どもも忘れられない味となりました。

　翌年の2019年度は、藁フェスに加え、お芋を焼く芋フェスも、保育園と「流山お田んぼクラブ」で開催しました。昆虫採集など、田んぼでの楽しみを見つけたり、プライベートでお田んぼクラブのイベントに参加する家庭もあって、少しずつつながりが深まっていきました。

　2020年度は新型コロナウィルス感染症の影響で保育園としてイベントが開催できませんでした。けれども、子どもたちと田んぼにお邪魔して稲刈りを行い、刈った稲を保育園で干した後に岩根さんが来てくれたことで、脱穀やもみすり体験などを保育に生かすことができました。また、収穫した新米が給食で提供されるなど、子どもたちが「本物」を味わう機会にも恵まれました。

　今後の展望としては、保育の中で田んぼやお米の探究を深めていくことです。具体的には、田植えから稲刈りを体験するだけでなく、お米が育つ様子を見に行って田んぼの変化を感じること、稲刈り後の田んぼに行って自然遊びを行うことなどを予定しています。そして、子どもたち発信で、田んぼの新しい使い方や探究活動を行っていきたいと考えています。また、「流山お田んぼクラブ」は市民の方にも田植えや稲刈りをひらいているので、卒園児や、みんなで集まれる場になることを願っています。

埼玉東萌短期大学（埼玉県越谷市）

9 子どもと地域を つなぐ力を養う

**保育者養成校の学生たちが発表から学んだ
コミュニティコーディネーターの役割**

奥 恵（幼児保育学科 専任講師）

未来の保育を担う学生に つながりの重要性を

　保育者養成校である本学の1年後期には、「こども学」という授業があります。育児不安やICT教育などの子どもにかかわる現代的なテーマを学ぶことで、多様な見方や背景について理解することを目的としています。

　私は2018年度からこの授業を担当することになり、子どもの個性と主体性を尊重した「レッジョ・エミリア・アプローチ」をテーマの1つに加えたいと考えていました。そのため、レッジョ・エミリア・アプローチを日本独自のあり方で実践しておられる東京都の「まちの保育園・こども園」や、香川県高松市の「芸術士のいる保育所」の取り組みを研究しました。関連書籍を読み、保育の見学やコミュニティコーディネーター講座を受講することで、子どもたちをそれぞれの地域に即した人的環境とつないでいく活動が、これからの保育の重要な視点になっていくと実感しました。そして、未来の保育を担う学生においても、このような理念を知り、つながりを意識できるようになることが必要だと感じたのです。

地域をつなぐプロジェクトの立案

　授業では、保護者や地域との連携活動に取り組んでいる新聞記事を取り上げ、その背景にある子育て家庭の孤立化や地域関係の希薄化の課題について意識できるよう説明していきました。また、少人数のグループに分かれ、保護者支援や地域連携の取り組みを調べて発表しました。その後、授業の最後のテーマとして、子どもと地域をつなぐプロジェクトを立案し、発表する内容を取り入れました。

　まず、『私たちのまちの園になる』（フレーベル館）に掲載されているまちの保育園 小竹向原の「着物のプロジェクト」を紹介しました。学生たちはこれまでの調べ学習とは違い、自分たちで内容を考

自分たちの学びを真剣に発表する学生たち。

実施案

- 地元の商店街に協力してもらい、子どもたちが「お買い物」を体験する。
- 後日、実際に買った食材を保育士と子どもたちで調理し、協力してもらった商店街の方たちを招いて振る舞う。

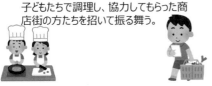

「行こうよ！　はじめてのおつかい」

企画の背景・意義

- 子どもは伝統工芸品に触れる機会がない。
- 地域の方との交流が少ない。
- だるまのデザインが多様になっており、親しみやすくなっている。
- だるまの意味を知る。
- だるまに触れ、表現する。

「THIS IS DARUMA」

える難しさと挑戦する楽しさを感じながらも、意見を出し合っていきました。当日の計画だけを立てているグループには、イベントを重視するのではなく、普段から交流を深めていくきっかけづくりを大切にするよう伝えました。また、学生自身が子どもの頃に園や地域で体験した活動を振り返っていたため、その思い出を生かして実現可能な計画を立てていけるよう、アドバイスをしました。

　発表日は公開授業とし、本学の教職員も参加しました。学生たちは緊張しながらも、園の子どもたちが、自治体や地域住民と行事やお祭りを合同開催する計画や、地元の農園や商店と協力して栽培や買い物から料理をする計画、高齢者との伝承遊びや障がい者との運動会、多国籍の地域住民との海外の遊びを通じた文化交流の計画など、想像以上に多種多様なプロジェクトを考え、その目的や内容、スケジュールなどについて発表しました。

　例えば、「行こうよ！　はじめてのおつかい」プロジェクトは、地域交流と食育を目的とした計画で、商店街での買い物と調理体験をし、商店街の方に料理を振る舞う内容でした。ほかにも、地元の伝統工芸であるだるまを通じて交流する

「THIS IS DARUMA」プロジェクトでは、だるまの絵本への関心をきっかけにしてだるま作りの見学に行き、園で巨大だるまを作って市民祭りで展示するという長期的な内容でした。授業後のアンケートでは、グループワークの楽しさや視野の広がり、「地域連携の重要性に気付いた」などの感想が挙げられ、うれしく感じました。

これからの人材育成

　2020年度は新型コロナウィルス感染予防のために、各自での調べ学習になりましたが、今後も、学生たちが主体的に学び合える授業を展開し、ボランティアや実習などの体験やプロジェクトの実践につなげていけたらと思います。そして、保育者養成校と保育現場、そして地域との関係を築いていくコミュニティコーディネーターの働きができればと思います。

　何より、これから子どもたちとかかわる新人保育者が、"子どもを中心としたまちづくりは、すべての人にとって幸福な環境の実現につながる"ということを意識し、それぞれの個性や地域の特色を生かした連携ができることを願います。

つながり、広がる、コミュニティコーディネーターの連携

コミュニティコーディネーター会

　それぞれの地域・園によって、地域性や文化、状況は異なると思いますが、コミュニティコーディネーターとして働くうえでの心もちやコミュニティ観は、どの地域・園であっても共通する部分が多いと、私たちは考えています。

　その中で、私たちがコーディネーター同士の連携を深めるために行っているのが、毎月の「コミュニティコーディネーター会（通称CC会）」です。

　CC会には、まちの保育園・こども園各園のコミュニティコーディネーターが出席し、園の活動を振り返るシート（共通フォーマット）に沿って、疑問点や課題について話し合ったり、毎月決めたテーマに沿ってディスカッションやTipsを紹介し合ったりしています。新型コロナウイルス感染症が流行する前は、「コミュニティ探訪」と題して、保育園の枠を越えて他業界ですてきなコミュニティづくりをしているところに訪問、勉強をさせていただいたこともありました。私たちの園では、コミュニティコーディネーターは各園1名の体制になっているので、CC会は横の連携がとれる貴重な機会にもなっています（まちの保育園・こども園、アライアンス園がCC会に参加し、情報を共有しています）。

アライアンス園について
子どもの環境やコミュニティづくりについて、共に学び、実践を深めている学び合いのネットワーク。「こども主体のまちぐるみの保育」という、まちの保育園・こども園の理念と共通の価値観をもちながら、様々な法人が参画し、CC会のような情報共有や勉強会等を行っている（第2章42ページで事例を紹介したKanadeⅡ流山セントラルパーク保育園、第3章の実務Q&Aに登場するまちの保育園 東池袋は、アライアンス園です）。

2020年度 CC会ディスカッションテーマ（例）

- コロナ禍での保護者とのコミュニケーション
- コロナ禍でのコミュニティづくりに便利なアプリやツールに関する情報交換
- 園内における外部資源の生かし方
- アイスブレイクの手法
- チームビルディング
- 保育のICT化推進
- 可視化のツールやアイデア共有
- ファシリテーション技術
- ゲストスピーカーをお招きしてUI/UXと組織サーベイランスについて学ぶ

ほか

コミュニティコーディネーター講座

　本書の元にもなっているコミュニティコーディネーター講座も、こういったコミュニティコーディネーター同士の連携と、秋田喜代美先生ならびに東京大学大学院教育学研究科附属発達保育実践政策学センター（Cedep）の皆さんとの対話から生まれました（73ページ参照）。

　2018年に始まった第1回目の講座では、全7コマの連続講座形式で、まちづくりや教育、建築などの専門性をもつゲストの方にお越しいただき、コミュニティコーディネーターの実践共有（地域性の違い、地域との取り組み）と、ゲストの方とのディスカッションの時間を設けました。11月、12月と2か月続いた連続講座だったこともあり、様々な実践者同士での会話が生まれ、今もつながらせていただいていることを、心強く感じています。この時から、園を取り巻くコミュニティを4象限（10〜15ページ参照）で考える概念が生まれました。

　2019年は2回。9月にIT・医療・保育の分野でまちづくり・まちおこしに取り組んでいるゲストスピーカーをお招きして、これからの社会と子どものための思考デザインについて考えました。11月には2日間の連続講座形式を行いました。

秋田先生のお話は深い学びにつながった。

　東京大学からは、秋田喜代美先生、小玉重夫先生、後藤智香子先生のお話を、フィールドワークや、2018年の講座に参加してくださっていたOB・OGの方にも実践共有をしていただきました。

　コロナ禍により、対面でのコミュニケーションが難しくなってしまった一方で、様々な地域の方とオンラインを通じてつながり合えるという点に可能性も感じています。今後も、コミュニティコーディネーターの視点をもった皆さんと、子どもの環境、地域の豊かさのために学び合っていけたらと思っています。

講座はワークの時間も挟み、参加者同士も対話できるスタイルで。

特別編 コロナ禍での実践

未曾有の事態に揺れる日々

2020年1月、新型コロナウイルスが日本でも発見されました。

瞬く間に感染者数を増やし、3月中旬頃からは、おそらく日本中の保育園・幼稚園・こども園が、子どもたち・職員・保護者の命を守ることと、子どもたちの経験の保障（保育の継続）の間で揺れる日々が始まったことと思います。

私たち、まちの保育園・こども園でも、この未曾有の事態に対して様々な対応を検討し、試行錯誤する日々がありました。

ここでは、私たち、まちの保育園・こども園のコロナ禍での実践を、コミュニティコーディネーターの視点に寄せて、ご紹介します。

2020年10月にはコミュニティコーディネーター研究会と題し、「WITHコロナにおけるコミュニティの耕し方を考える」というテーマで、オンラインダイアローグを行いました。同じ想いをもった方々とオンラインでもつながり、互いの実践や課題感を共有したり、これからの可能性について一緒に話し合えたことは、（私たちにとっても）本当に大きな勇気となりました。

まちの保育園・こども園の コロナ禍での実践

2020年4・5月の緊急事態宣言中、まちの保育園・こども園5園の運営は、自治体の方針により、大きく2つの対応に分かれました。渋谷区にある2園（代々木上原、代々木公園）については、4月10日より5月末日まで完全休園。残り3園（小竹向原、六本木、吉祥寺）については縮小して運営・継続する形となりました。

それぞれ難しさはあったのですが、特に休園になった2園では、職員が全員在宅勤務という対応になり、オンラインを活用しての職員連携やコミュニティづくり、オンラインでの保育の継続に取り組みました。

代々木公園園では、それぞれの保育者が園のビジョンのもと、「何ができるか」を対話しました。一人ひとりアイデアを出し合い、その保育者の考えを実現するための具体的な仕組みを、コミュニティコーディネーターを中心に、ICTツールなどを活用しながら検討していきました。

これまでも積極的に保育にICTを取り入れたり、保護者とも連絡帳アプリで

休園期間中に取り組んだこと
例）まちのこども園 代々木公園

【運営再開に向けて】
・既存書類の見直しと整理
・今年度の園運営、保育計画の立案
・園内整備（園内清掃、環境設定）
・感染対策マニュアルの作成
・手作りおもちゃ作り

【保育の継続】
・おうちでこども園（オンライン保育）
・動画共有サイトを通じたコンテンツ配信（2か月で約120本）

【家庭支援】
・オンライン個人面談
・Welcome Room（オンライン相談室）
・まちの保健室（オンライン健康相談）

【チームビルディング】
・対話（子ども観の共有と理念理解）
・個人研究発表
・まちの広場（有志職員のしゃべり場）

【地域に向けて】
・対話（商店街支援について職員対話）
ほか

日々やりとりをしたりしていたため、オンラインの取り組み自体はスムーズに進みました。オンライン保育や双方向性のあるコンテンツ配信など、保護者の理解や協力があってこそ進められたものも多く、日頃からの関係性づくりの大切さを、あらためて感じる機会となりました。

縮小運営をしていた3園では、登園する子どもたちの対応と、登園自粛をしている家庭への対応、職員も出勤と在宅勤務に分かれる中での連携の難しさがありました。例えば、六本木園では、本園と分園がある中でシフトが複雑化して、担任同士でもコミュニケーションがとりづらい状況がありました。この状況に対し、日々の園の状況や連絡事項を伝えるための職員向けニュースを配信したり、職員

休憩室に対話用のボードを置くなど、いくつかの方法を使い分けながら、新しい形でのコミュニティづくりを検討していきました。

その後、緊急事態宣言の明けた6月からは、園児の登園もほぼ元通りとなり、本格的にコロナ禍での保育運営がスタートしました。環境整備や日々の消毒、保育上の密を避ける工夫など、感染対策と子どもたちの経験の保障について、その両立を考え、試行錯誤の日々が始まりました。感染状況も変化していく中で、様々な難しさや課題もありましたが、こういう時だからこそ、家庭との連携をより密にし、地域ともオンラインでの取り組みなどを進めています。

コミュニティコーディネーター研究会「WITHコロナにおけるコミュニティの耕し方を考える」

2020年10月、これまでコミュニティコーディネーター講座に参加してくださった方を対象にお声かけをし、先述の通り、「WITHコロナにおけるコミュニティの耕し方を考える」というテーマで、オンラインダイアローグを行いました。

はじめに、東京大学大学院教育学研究科附属発達保育実践政策学センター（Cedep）の高橋翠先生（本書第1章　2執筆）からCedepで行われた新型コロナウイルスに関する保護者・園の調査結果をもとに、話題提供をいただきました(参考：新型コロナウイルス感染症に伴う乳幼児の保育・生育環境の変化に関する緊急調査　http://www.cedep.p.u-tokyo.ac.jp/projects_ongoing/covid-19study/)。

そこで共有されたことは、この感染症の流行は、園が地域の子育てに欠かせないインフラであることが再認識される機会になったということです。つまり、保育園に通える状況があることは、子どもの育ち、保護者の社会参画だけでなく、子どもと保護者の関係性や保護者の親としての育ちを支えているということにな

ります。

また、感染症対策以外の取り組みにおいては、特にICTの活用において施設差が生まれているという課題が見えました。園内のコミュニティ（職員同士の連携）が、ストレス・マネジメントや保護者対応、コロナ禍での保育の方向性を園で対話する際に、より重要になっていることが挙げられました。

その後、まちの保育園・こども園の取り組み事例を共有し、参加者とのディスカッションタイムをもちました。

オフライン世代（主に高齢者世代）との交流をどう継続するか。心の機微を大切にするからこそ、リアルなコミュニケーションも必要である。制約は新たなアイデアの創出につながる。コレクティブ・インパクトの視点を保育に取り入れていきたい。どれも、このコミュニティコーディネーター研究会に参加してくださった皆さんの、集合知から得られた、大切な気付きです。

このように、同じ想いをもって子どもたちに向き合っている方々と対話をしながら、今後の社会変容におけるコミュニティづくりの可能性、方向性を考え、小さな種をまいていきたいと考えています。

オンラインダイアローグで発表するコミュニティコーディネーター。

お米プロジェクト

まちのこども園 代々木公園

❶ 取り組みのねらい
まちの人から生まれる想い

　2020年4月から約2か月、東京都渋谷区にある私たちの園は、新型コロナウイルス感染症に関する緊急事態宣言を受けて、休園となりました。その間も、オンラインを活用しながら保育の継続や、職員間の打ち合わせを毎日重ねていたのですが、その話し合いの中で、「こういった時だからこそ、日頃お世話になっている地域の方と何かつながりたい、応援したい」という声が職員から挙がりました。

　キッチンの職員が食材のお店や納品業者の方々とこまめに連絡を取り合っていましたが、以前から5歳児とお米作りをしたいという想いをもっていたこともあり、お世話になっている穏田キャットストリート商店街の小池精米店さん（以下、小池さん）にご相談してみることにしました。小池さんはおいしいお米を子どもたちに食べてもらいたい、お米や食べることの大切さを伝えていきたい、という想いをもってくださっており、以前から、食に関する取り組みを子どもたちとできたらと話していました。コミュニティコーディネーターも連携して、オンラインやメール、電話で話を重ね、お米に関する2つの取り組みがスタートしました。

お米についてより深く学ぶために、精米店に見学に。

　1つは、給食で出すお米の種類を毎月違う銘柄で選定してもらう、お米の全国ツアー。もう1つは、実際にお米作りを体験してみることです。お米を通して、キッチン職員や子どもたち、小池さんとのコミュニケーションが始まりました。

❷ 実現の方法
コロナ禍でのかかわり

　6月に園が再開し、バケツでのお米作りが始まりました。密にならないように、園の玄関前の風通しの良い戸外で行われました。少人数で予防対策をしながら、小池さんのお店にお米を見に行く機会もありました。キッチン職員が外へ出向くことが難しい場合でも、まるで子どもたちがコミュニティコーディネーターのようになって、状況を共有しました。こう

51

して、まちと園のかかわりは途切れることなく続いていきます。

❸ 実施の際のエピソード
手紙がつないでいくコミュニティ

お米を通しての小池さんとの交流は、手紙というツールが大きな役割を果たしていました。もともと手紙を書くのが好きだった子どもたちは、お米のことや小池さんに対する質問・感謝の気持ちを、字や絵でしたためて送ります。会えない時に相手を想う気持ち、伝えたいという気持ちが、このプロジェクトの中で育っていったようです。小池さんからのお返事が届いてはまた手紙を書き、そのお返事がまた届く……言葉や絵のやりとりは、何度もくり返されました。

❹ 展望や課題などの気付き
まちと園、その想いを
調整していく

育っていく稲を、毎朝保護者と一緒に見ることも子どもたちの日課となります。その中でも、稲が実るもの・実らないものももちろんありました。それが"自然"であること、こうして食べることや命の源はつくられていくこと、この体験が大

興味深そうに、じっと稲を見る。

切であることを、小池さんは子どもたちに伝えてくれました。

冬になり感染者数が増えて、園に来られなくなってしまった状況もありましたが、オンラインでレクチャーを受け、いざ脱穀。できたお米の粒はほんの一握りです。お米作りの経験から、食物を育てることの難しさや食べることの尊さを学んだからでしょうか。子どもたちは以前に比べ、食べる給食の量が格段に増えました。

コロナ禍での配慮はありましたが、そのバランスをうまく乗り越えながらプロジェクトを進めることができたと感じています。コロナ禍で、主な活動の場は屋外になりました。これまで積み重ねてきた近隣の商店街とのつながりやお祭りなどが、今回の事態によって止まってしまうこともありましたが、こうやって地域とのつながりを保てたことは、とてもうれしいことでした。

まちの中に子どもたちがいるという意識をもってくれている地域の人々とのつながりを、あらためて強く感じたプロジェクトでした。

食物を育てることの難しさを
実感しながらも、いざ収穫。

音のプロジェクト
まちのこども園 代々木公園

❶取り組みのねらい
音との出合い、まちとの出合い

　子どもたちが、まちに関する探究活動をしている中、「それであればおもしろい方がいます」と保護者が縁をつないでくださり、このプロジェクトはスタートしました。保護者も、コミュニティコーディネーターだったのです。

　紹介してくださったのは、サウンドスタイリストの大河内康晴さん。渋谷区・ミヤシタパークと隣接するホテル「sequence」の中には、大河内さんの作成した音楽が流れる空間があり、その音楽には、渋谷の街中で集めた音が散りばめられているとのことでした。

　どういった活動に広がっていくかはまだ見えていない中ではありましたが、まずは一度お話をさせていただくということで、オンラインで打ち合わせをすることになりました。お話をしてみると、子どもたち発信であることに重点を置いてくださっていて、私たちの大事にしていることとも親和性があり、子どもたちの興味と大河内さんの活動とを、自然に結び付けることができました。

　その後、コミュニティコーディネーターと担任で何度か打ち合わせをし、プロジェクトが始まりました。

❷実現の方法
耳をすます、対話する

　コロナ禍、緊急事態宣言中ということもあり、大河内さんと子どもたちの音の探究はオンライン上で行われました。

　活動は3つのフェーズに分けて行います。まずは、人と人との出会いから。お互いを知り合うところから始まりました。Web会議システムをつないで、大河内さんにご自身のことを紹介していただいたり、子どもたちが集めた公園の中で探した音を聞いてもらいました。

　次は、保護者も一緒にまち歩き・音集めのイベントです。保護者と子どもでまちを歩き、耳をすまし、聞こえた音をスマートフォンに録音しました。なぜその音に足を止めたのか、どんな音だったのか、集めた音を聴き合い、みんなで対話をしていきました。

　最後は、保護者と子どもたちの集めた音を使って、もう一度大河内さんとの活動です。自分たちで集めた音を波形で見る（音の違いを波形で見る）、視覚的に音を見るということを行いました。子どもたちのワークの様子は、保護者が見られるように動画共有サイトで公開し、保護者からは連絡帳で様々な反応がありました。

まずは、子どもたちに聞いてみる、先入観をもたず感覚的に子どもたちとかかわってみる、という大河内さんの姿勢が、子どもたちにも保育者にも心地良く、活動と活動が分断されずに自然と日常化していました。

❸ 実施の際のエピソード
それぞれの感覚を使って

音楽デジタルソフトを使って、音を耳だけでなく視覚で捉えてみようと、音の波形をみんなで見るワークをしました。1つの感覚だけでなく、多角的にものごとを捉える視点を体験し、子どもたちからは「歌にしたいね」「かわいい音があったね」という声があったり、音の波形を絵や形にして表現する子もいたりしました。保護者の方からは「五感を使い、まちの音をゆっくり聴く良い機会になった」「ストレスから解放された」といった反応もありました。

❹ 展望や課題などの気付き
同じ想いの人がいること

まちの人との出会いは、子どもたちだけでなく、保育者にとっても貴重な経験です。保育者もコミュニティコーディネーター自身も、一緒になって音を楽しみ、子どもたちの音を聴く力や判別する力にあらためて驚かされました。職種も違い、普段かかわる対象となるものや人も違うが、大切にしていることは同じであると感じる、すてきな出会いになりました。

コミュニティコーディネーターは、担任の想い、大河内さんの想いを聞いて、園として何が提案できるのかを伝えたり、めざしていく方向性に沿った形で、つなげられるように心がけました。

大河内さんからは、「子どもたちならではの視点に驚き、大人以上にすごく観察していることに、あらためて気付かされた。自分の好きを中心に、自分で考えて、音の波形のように相手と自分が違うということを楽しみ、そして受け入れ、地球のみんなの幸せを願える大人になってほしい」と感想をいただきました。

音のプロジェクトは、まだまだ進行中です。これからも、一つひとつの学びのプロセスを積み重ねながら、子どもたちと音の探究を続けていきたいと思います。

大河内さんとの出会い。ワークショップで集めた音を素材で表現する（作品名：工事の音）。

第❸章
実務Q&A

コミュニティコーディネーターを配置する場合、どのようなことに気を付ければよいのでしょうか。実際、まちの保育園・こども園に寄せられた疑問に現役コミュニティコーディネーターが回答しながら、実務のポイントを紹介します。

私たち
コミュニティ
コーディネーター
です！

質問に答えてくれた
コミュニティコーディーネーター
の方々

根岸拓哉
(まちの保育園)
小竹向原

育児系コンテンツの編集や
広告代理店のSE、輸入家電
の営業などを経て、現職。

木村公介
(まちの保育園)
六本木

山田町社会福祉協議会ボラ
ンティアコーディネーター、
NPO法人プレーパークせ
たがやのプレーワーカーを
経て、現職。

習田和正
(まちのこども園)
代々木公園

元出版社勤務。まちのこど
も園 代々木公園の開園と
ともに入職。

大竹真由美
(まちの保育園)
東池袋

元会社員。2017年、まちの
保育園 東池袋に入職。
2018年からコミュニティ
コーディネーターとして勤
務。

稲葉 匠
(まちの保育園)
吉祥寺

2016年、まちの保育園・こ
ども園、本社部門に入職。
2019年からコミュニティ
コーディネーターとして勤
務。

原 綾
(カフェ「まちの本と)
サンドイッチ」店長

保育園で4年間保育士とし
て勤務後、飲食店に転職。
2014年に「まちの本とサ
ンドイッチ」立ち上げから
参画。

Q コミュニティコーディネーターは具体的にどのような仕事をしているのでしょうか。1日の仕事の流れを教えてください。

A 臨機応変に動けることが求められるので、その日の状況や時期によって仕事の内容や流れは変わります。

コミュニティコーディネーターは、保護者と保育者、保護者や保育者同士、保育者と子ども、園と地域などの関係づくりの調整役です。「余白の仕事」とも言われているので、実際は、名前の付かない業務も多いです。場面ごとに様々な役割で、臨機応変に動くことが求められているため、仕事の流れは、日によって大きく変わります。また、季節や時期によって仕事の内容も変動するので、事務職や保育補助等を兼務しながら進めています。

コミュニティコーディネーターの動きは園によって異なりますが、私のよくある1日の流れは次の通りです。

出勤したら身支度やその日の準備を済ませ、登園が集中する8時半〜9時半の時間帯には、園の入り口で親子を迎えます。保護者と顔を合わせ、会話をする機会をもつためです。ここから1日がスタートし、午前中に事務や雑務を済ませます。そして、お昼前後は昼食も兼ねて保育者との情報交換をしています。最近子どもがどのようなことに興味をもってい

るのか、保育者はどのような経験を子どもにさせたいと思っているのかを探りながら、保育者との関係を築いていきます。

午後は、町内会など日常的につながりのある団体のミーティングに参加したり、地域の情報を集めたり、計画しているイベントの打ち合わせに出かけたりなど、外とのつながりを意識して仕事をしています。

自分の裁量で動くことが多いので、時間管理も仕事の1つだと言えるでしょう。
（代々木公園・習田）

[地域とつながるきっかけづくり]

Q 日頃、どのように社会資源を見つけ、地域とつながるようにしていますか。対話や交流のきっかけづくりについて教えてください。

A 常に「おもしろい出合い（出会い）はないかな」と意識して過ごしています。

常に「何かおもしろいことはないかな」「おもしろい出合い（出会い）はないかな」という気持ちで過ごしています。通勤中や子どもとの散歩、テレビやインターネットなどで目にした情報や、保育者や保護者との会話の中で出てきた情報はすかさずキャッチし、自分の中に蓄積しておきます。そうすることで、保育者から「今、子どもたちがこんなことに興味をもっているので、こんな経験をさせたいと思っているのだけれど」といったような相談を受けた時に、「それなら、こんな人がいるよ」「こんな場所があるよ」とつなげることができると考えています。

例えば、保育者から「子どもたちが染め物に興味をもっている」と聞いたら、園の近所に染め物教室があることを思い出して問い合わせるなどです。（小竹向原・根岸）

●

私の場合、コミュニティコーディネーターマインドを園の職員全体に広げることを大切にしています。自分1人で見つけられる情報には限界がありますし、保育者がそのマインドをもつことで、より多くの情報が手に入ります。コミュニティコーディネーターは、それらの情報にアクセスし、保育に取り入れるための段取りを整える役割を担えばよいのだと考えています。（代々木公園・習田）

●

散歩に出かける公園でいつも出会う清掃の方が、子どもたちに折り紙をプレゼントしてくれたことがあります。保育者からその報告を受け、私がその方に電話をしました。当時、子どもたちの間で折り紙が流行っていたので、教えてくれる人を探していたのです。それができたのは、保育者がコミュニティコーディネーターマインドをもって、その方と交流し、連絡先を聞いておいてくれていたからだと思います。（六本木・木村）

Q

地域との交流が1回のイベントで
終わってしまうことがよくあります。
日常的で継続的なものにしていく
ための工夫や配慮を教えてください。

A

保育者と会話をし、子どもの興味・関心に合わせた
提案をしていきます。

コミュニティコーディネーターに求められているのは、地域との交流を、保育の流れの中に位置付けていく作業だと思います。ですから、いわゆる「イベント屋」にならないように心がけています。ただ、まちのお店やさんに来てもらって話を聞く、近所の田んぼで田植えをさせてもらうなど、年に1回程度の、子どもにとって非日常のイベントが悪いわけではありません。「今日は楽しかったね」という経験だけでも、意味はあるでしょう。

コミュニティコーディネーターの専門性は、その前後の経験も含めたプランを立てることで発揮されると考えています。子どもの興味・関心に合わせ、必要な時に必要なものを届けるためには、保育をよく理解していなければなりません。そのために必要なのは、保育者とよく話をすることだと思っています。日々、子どもと接している保育者が、いちばん子どものことを知っているのですから。（小竹向原・根岸）

七夕の時期、子どもたちから「笹」が欲しいという声があがりました。近所の公園で笹を見つけたので、「切って持ち帰ってもいいのかな？」という話になりました。「勝手に切ってはいけないよね」「だれに聞いたらいいのかな？」と子どもたちと話し合いをしていると、区役所の公園緑地管理課という部署がその笹を管理していることを知りました。そこで、子どもたちと区役所に行き、許可を得て笹をもらい、願いごとを書いた短冊を笹に吊るして七夕祭を楽しみました。

後日、「願いごとを叶えるために〝お焚き上げ〟をしようとなりましたが町内会の会長に相談したところ、ダイオキシン等の問題から近所でものを燃やすことは難しい、と。そこで、葬儀社に相談し、お焚き上げまで行いました。このように、七夕祭がその日だけのイベントではなく、子どもたちが地域とかかわり、社会の仕組みにふれ、豊かな経験を積むきっかけとなりました。（東池袋・大竹）

[園の活動を地域に知らせる]

Q 在園児や保護者だけでなく、地域の人たちも対象としたイベントの告知をする場合、どのような方法がありますか。できるだけ多くの人に興味をもってもらいたいと思っています。

A ポスター、チラシ、SNSでの告知のほか、開かれた雰囲気づくりも大切です。

園の中や周辺にポスターなどを貼るだけだと、園の子どもやその保護者に参加者が限定されてしまいがちです。地域の人に呼びかけるためには、ポスターを貼る範囲を役所や町内会、コンビニエンスストア、銀行など様々な人が訪れる場所に広げるようにしています。チラシをまいたり、SNSを使って情報を発信したりするのもよいでしょう。

その際、「どなたでもどうぞ」などと、目立つように明記し、対象が園や地域の親子に限定された活動ではないことをわかるようにしておきます。

一方で、普段から園を開かれた場所にしておくことも大切だと考えています。地域の人が声をかけやすいウェルカムな雰囲気づくりや、受け入れ体制を整えておくなど、できる工夫はたくさんあります。コミュニティコーディネーターという地域との窓口となる職種を配置していることは、大きな強みになっています。（小竹向原・根岸）

●

まちの保育園 六本木は、「まちの本とサンドイッチ」というカフェが園の隣に併設されています。近くの会社に勤めているとか、地域で暮らしているとか、園とは全くかかわりのない人たちが常に出入りしている環境があるので、園にもたらすチャンスは多くなります。

自然と顔見知りになり、話しかけたり、話しかけられたり。子どもが遊ぶ様子を見るうちに、保育に興味をもってくれ、ボランティアでかかわってくれるようになった人もいます。また、近所のお寺の住職さんが「イベントなどで、寺の境内を使っていいよ」と申し出てくれたこともあります。（まちの本とサンドイッチ・原）

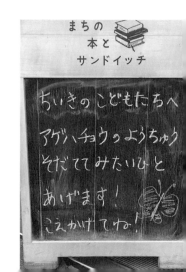

 園内にコミュニティ
コーディネーターがいることが、
園のマネジメントや
保育の質をどのように
変化させていると思いますか。

 園の人間関係をより豊かにする働きかけで、
自然と保育の質が高まります。

コミュニティコーディネーターは保育畑出身ではない場合も多く、その人たちのこれまでの仕事の知識や経験が、園に新しい風を吹き込んでくれることがよくあります。保育・教育業界の常識に縛られず、広い視野で物事を捉えられるのは、保育の質を高める意味でも、保護者との関係づくりにおいても意味があるのではと思っています。

また、前出のようにコミュニティコーディネーターは、事務職を兼務していることも多いので、園長や副園長、主任の仕事の負担を軽減してくれるというメリットもあります。（小竹向原・根岸）

●

地域だけでなく、職員同士、保育者と保護者、子どもと保育者とのつながりをより豊かにしていくことがコミュニティコーディネーターの仕事です。

みんなが意見を言い合えるようになることは、保育においてとても重要だと思うのです。最近では、コロナ禍から職員が気を張りながら働いているように感じたので、近隣でテイクアウトをしているお店をリストアップして、日ごとに食べたいお店のランチを用意して、昼食を楽しくしました。普段とは少し違う雰囲気の中、職員同士の会話も弾み、園内の空気が良くなったように感じます。

また、保護者と職員をつなぐために、オンラインでの交流会も行いました。

以前、「まちの保育Bar」として、地域の人も招きながらお酒を飲みつつ学び合う会を時々開催していたのですが、コロナ禍でそれができなくなったので、そのオンライン版です。共通のテーマのもとでグループごとに話し合い、最後にそれを共有し合うという会でしたが、保護者からは「とても楽しかったです。コロナ禍で大人同士でじっくりと話ができたのは、子どものおかげだと感じました」「あまりお話しできていなかった先生方との時間が取れて良かったです」と好評でした。（吉祥寺・稲葉）

[イメージを共有する工夫]

Q 新しい活動をコーディネートする際、情報の送り手、受け手、コミュニティコーディネーターの三者の間で、イメージのずれを最小限にするための心構えを教えてください。

A 資料を作って可視化するほか、人と人をつなぐ場面では間に入り過ぎない配慮も。

　同じ話をしていても、頭で思っていることは三者三様です。ですから、イメージを共有するためには、言葉で伝えるだけでなく、図や表、イラストなどを入れた資料を作るなど、できるだけ可視化するよう心がけています。また、話し合いの際にも「それは、こういうことですね？」と、確認しながら会話を進めるようにしています。コミュニティコーディネーターは、みんなの考えを一度吸収して、それをわかりやすく発信する「通訳」のような役割だと思います。（小竹向原・根岸）

　コミュニティコーディネーターは、人と人をつなげる役割ではあるのですが、間に入り過ぎないように気を付けています。大切なことや想いなどは、当事者同士で話したほうが伝わりやすいと思うのです。その対話の場をセッティングすることが、コミュニティコーディネーター

の大切な役割なのかもしれません。

　コロナ禍で感じた1つの例があります。様々な行事が中止になっていた中で、運営側で話し合い、毎年恒例の夕涼み会は実施することになりました。喜んでくれると思って担任に伝えたところ、なぜかネガティブな反応でした。担任側の意見を聞かずに、やり方や時期を決めてしまったことが原因でした。子どもにたくさんの経験をさせたいという目的は同じでも、運営側と担任側では、夕涼み会にもつ想いには微妙な違いがあります。そこで、コミュニティコーディネーターとして両者の話し合いの場を設けました。想いを交換し合えたことで、互いのイメージを共有でき、無事、夕涼み会が行われました。（六本木・木村）

さあ、やってみよう
～コミュニティコーディネーターを実践するために～

ここでは、2019年11月に開催されたコミュニティコーディネーター講座の中で、実際に参加者の皆さんと取り組んだワークシートをご紹介します。

私たちは、コミュニティコーディネーターの活動は、"コミュニティコーディネーター"という特定の職種、役職だけが担ってきたわけではなく、これまでも、各園でそれぞれの保育者が担ってきた、取り組んできた部分があると考えています。

本書第1章（12～14ページ参照）にて定義した❶～❹、4つの領域に沿って、あなたのコミュニティでは、4つの領域の活動を、だれが、どんな形で担っているか、少し振り返ってみませんか。4つの領域別に、思い付く例を書き出してみてください。そして、できれば周りの方と共有をしてみてください。

このワークが、コミュニティコーディネーターの専門性を理解したり、自身のコミュニティが各領域の活動に関して抱える課題や、うまくいっていること（強み）に気付いたりすることができる機会になれば幸いです。

〈イントロダクション〉

① あなたの「コミュニティ」は?

② あなたのコミュニティを取り巻く（包摂する）より大きなコミュニティは?

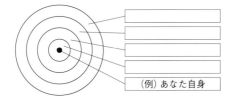

（例）あなた自身

③ コミュニティにおける役割は?
- ・
- ・
- ・

④ あなたのコミュニティの理念や目標、共有された価値観は?
- ・
- ・
- ・

〈❶に対応〉

【内から内】
・園内・社内（課）等、自身が属する最も中核的なコミュニティ内での関係づくりや、そのための役割・仕事

役割・仕事	担っている人	具体的な事例	必要となる知識・技能

・ここでの取り組みを行う上で必要となる思考や意識、心構えはなんだと思いますか?

〈❷に対応〉

【外から内（今回扱う「外」のコミュニティ： 　　　　　　　　　　　　　　）】
・園内・社内（課）等、自身が属する最も中核的なコミュニティを、それを取り巻く外のコ
　ミュニティとつなぎ、自身のコミュニティ・コミュニティでの活動に生かす

役割・仕事	担っている人	具体的な事例	必要となる知識・技能

・ここでの取り組みを行う上で必要となる思考や意識、心構えはなんだと思いますか？

〈❸に対応〉

【内から外（今回扱う「外」のコミュニティ： 　　　　　　　　　　　　　　）】
・園内・社内（課）等、自身が属する最も中核的なコミュニティを、それを取り巻く外のコ
　ミュニティにつなぎ、外のコミュニティ・コミュニティの活動に生かす

役割・仕事	担っている人	具体的な事例	必要となる知識・技能

・ここでの取り組みを行う上で必要となる思考や意識、心構えはなんだと思いますか？

〈❹に対応〉

【外から外（今回扱う「外」のコミュニティ： 　　　　　　　　　　　　　　）】
・園内・社内（課）等、自身が属する最も中核的なコミュニティを取り巻く外のコミュニテ
　ィに属する人々をつなぐ、新しい関係性をつくる・関係が生まれる場をつくる

役割・仕事	担っている人	具体的な事例	必要となる知識・技能

・ここでの取り組みを行う上で必要となる思考や意識、心構えはなんだと思いますか？

第4章

コミュニティ
コーディネーターの
可能性を考える

コミュニティコーディネーターの
ような役割は、今後、あらゆる
分野で求められていくと考えら
れています。最後に、様々なお
立場の方にお話をうかがいなが
ら「コミュニティコーディネーター
の可能性」についてまとめます。

その場をマネジメントして人を
つなぐ役割が、今後、重要に

馬場正尊（株式会社オープン・エー 代表取締役）

株式会社オープン・エーの代表取締役であり建築家として、オフィスビル、公共施設、民家など、様々な施設やスペースにアイデアを付加し、新たな価値を創り出す仕事をされています。今回、コミュニティコーディネーターが生かされている事例を踏まえ、その役割のこれからについてお話しいただきました。

「高円寺アパートメント」が
できるまで

2017年、東京都杉並区、高円寺にあるJRの社宅をリノベーションして、地域にひらかれた集合住宅「高円寺アパートメント」を設計、企画しました。

最初に、しばらく空いたままになっていた社宅をなんらかの形で再活用したいと、JRさんが相談に来られました。その際、まちの価値を上げながら、公共性の高い企業として貢献したいという想いも語られていました。それを受け私たちは、より住みたいまちにすることで中央線沿線のブランディングにも貢献できればとお話をしました。

そこで、1階部分を店舗にしてまちにひらくこと。駐車場をなくして芝生を敷き、ウッドデッキを置き、住人だけでなくまちの人も訪れる公園のような空間にすること。まちと敷地を隔てる壁をなくし、まちにひらかれた集合住宅にすること。そして最後、まちの住人とそこに住んでいる人々のコミュニケーションがより豊かで楽しくなるように、コミュニティコーディネーターを配置して、その建物に住んでもらうことを提案しました。

JRさん側からすれば、コミュニティコーディネーターと言われても見たことも聞いたこともない職なはずです。まちへの貢献、沿線ブランディングへの貢献のためには、ハードだけでなく、そのコミュニティや人々をつなぐための人が大切になることを一生懸命伝え、最後は、コミュニティコーディネーターがいることによって物件の価値が上がるので、上がった家賃分をその役割に対するフィーに充てるといったロジックで説得、ついに理解してくれました。

暮らしの中にいる
コミュニティコーディネーター

その空間には、駐車場であった場所に芝生を敷き、ウッドデッキを置き、そこに面する形で、小さなブルワリー、フルーツサンド店、かばん・雑貨店、オフィス用の賃貸スペースなどがあります。そして建物の1室に、コミュニティコーディネーターである宮田サラさんが住んでいます。

2020年は新型コロナウイルスの影響でできなかったのですが、今年は宮田さんの呼びかけで、1か月に1回、庭でマルシェを開催しています。お店だけでなく、少しずつ仲良

マルシェをきっかけに地域住民と入居者が交流を深める。

敷地を囲んでいた閉鎖的な塀を取り払い、店舗、芝生広場、ウッドデッキがまちに開かれている。

くなることで協力してくれる住人も出てきました。どう盛り上げるとよいか会議を開いたりもしています。マルシェには、地元の人たちがたくさん集まるようになっています。それに、そこで知り合って結婚する人が出てきたり、なんとか通信を作って回覧し始めたり、住んでいる人たちが自発的に何かをすることでいろいろなことが起こってきました。暮らしの中にコミュニティコーディネーターがいることによって、そのエリアがぐっとハッピーになるのを目の当たりにしました。

なお、宮田さんは、コミュニティコーディネーターではなく「おかみ」と呼ばれているようです。多くの人の目に晒されて大変じゃないかと心配もしたのですが、本人はそんなこともないようで「全然。楽しいです」と言っていました。

社会的なニーズに素直に答える役割

現代では、個人主義の高まりや、かかわりを煩わしいものと感じる風潮などから、地域コミュニティの細分化、分離が進んだと思っています。それは、私たちが望んだことであったのかもしれません。ただ、東日本大震災の影響も大きいのかもしれませんが、「それは、正しかったのかな？」と感じるようになった。特に今の若い世代は、私たち世代に比べると自然につながりを欲している感じがしていま

す。でも、どうつながっていけばよいのかわからない。そういう時、ベッタリではない、適度な距離感でのコミュニケーションを欲していて、ちょうどいい加減でつないでくれる役割を求めているような気がします。

高円寺アパートメントでは、コミュニティコーディネーターがいることでいろいろなことが起こりました。住人もそれを欲している人たちが住んでくれているように思うのです。

その場をマネジメントして人々をつなぐような役割の人は、もしかすると、かつては地域の中にいたのかもしれません。ただ、今後の社会においてはとても重要になると思っています。社会的なニーズに素直に応える役割のような気がするのです。

馬場正尊（ばば まさたか）
建築家。株式会社オープン・エー代表取締役。東北芸術工科大学教授。博報堂、雑誌『A』編集長を経て、2003年に株式会社オープン・エーを設立。都市の空地を発見するサイト「東京R不動産」の運営や、イベントディレクターも務めるなど、建築設計を基軸にメディアや不動産などを横断しながら活動している。『公共R不動産のプロジェクトスタディ　公民連携のしくみとデザイン』（学芸出版社）など著書多数。
オープン・エー：https://www.open-a.co.jp/

高円寺アパートメント
高円寺と阿佐ヶ谷の真ん中あたりに建つ、JR（旧国鉄）の旧社宅をリノベーションした建物。賃貸住宅に加えて、1階には住みながら店舗を運営できる4戸の店舗兼用住宅と、2つの店舗がある。コミュニティコーディネーターが常駐していることもあり、入居者が地域住人と日常的な交流を深めている。

視点②「コミュニティの力」を　もち寄るために

小野裕之（株式会社散歩社 代表取締役CEO）

東京都世田谷区、下北沢駅近くにある「下北線路街」で、地域性を生かしながら、地域住民、まちを訪れる人双方にとって魅力的な、個性豊かな施設「BONUS TRACK」を運営されています。これまでの仕事から、コミュニティの力の役割や考え方についてお尋ねしました。

「BONUS TRACK」のスタート

2018年頃、小田急電鉄から、東北沢駅—世田谷代田駅間の線路の地下化で生まれた跡地に、おもしろい店が集積した場所をつくりたいと相談がありました。そして2020年、マスターリース（いったんすべてを散歩社が借り上げテナントに貸しだす）の形で、「BONUS TRACK」の運営を開始しました。

「マネージャー」の役割

施設には「マネージャー」を設置しています。役割は、施設内向けには、会議で聞くことができないようなテナントの本音をきめ細やかに拾うこと、地域向けには、近隣の商店街や地域住民の方などとことあるごとに話す機会をつくり、本当にやりたいと思っていることをニュアンスのレベルででも感じ取ってもらうことです。

地域にとって、私たちは新参者です。新参者が、脈略なく「私たちのまち」でいろいろやっていると受けとられないよう、できるだけ丁寧に思いを説明します。思いがうまく伝わっていないと感じられる部分は、例えば、「BONUS TRACK新聞」に掲載し、毎月3,000部、周辺地域にポスティングしています。

今の時代的な雰囲気として、できるだけ迷惑をかけないように、となってしまうところを、「ご迷惑をおかけしてすみません」と言い合える関係性があれば、風通しがよくなると思います。コミュニケーションを図るために「マネージャー」がハブの役割を担うのです。これまでも、町内会から杵と臼をお借りして餅つきを行ったり、お祭りの際にはちょうちんをお借りしたりもしました。「この前、うるさくなかったですか？」などとご挨拶にうかがいながら、じんわりと活動しています。

社会や地域の課題はだれが解決するのか

15年ほど前から、私はNPOで、コミュニティやソーシャルデザインをテーマに扱うウェブマガジン「greenz.jp」の運営にかかわってきましたが、次第に、コミュニティを育むための実際の拠点づくりを手掛けるようになりました。これまで、コミュニティの力を借りたい企業や地方自治体と数多くコラボレーションしています。

社会や地域の課題解決は大きく分けて、行

広場を２階が住居、１階が店舗の長屋で囲む。

区道と一体になって開発された施設。緑を多く取り込み民間敷地でありながら、公園のように運用される。

政が解決できるものと企業が解決できるものに分けることができます。

行政が解決できるものは、税金でそれを行う性質上、道路や公園といったインフラづくりや、公教育や高齢者福祉といった、どんな生活者にも普遍的に存在し得る、いわばマイナスをゼロにするための課題解決であると言うことできます。

企業は、例えば、託児サービスや、あるいは安全な食を届けるサービス、インフラであるオフィスや住宅を供給するビジネスなど、ゼロをプラスにするような課題解決が得意です。その一方で、企業が提供するサービスは採算性をクリアすることが必須になるので、広く徴収する行政の税金とは違って、それに価値を感じてお金を払った人のみに提供されるという特徴をもっています。

つまり、行政は公平性の観点から、企業は採算性の観点から、どうしてもきめ細やかにカバーしきれない課題が地域にとり残されてしまうのです。「コミュニティの力」が必要な時、生かされる時は、まさにそのようなタイミングです。

みんなで力を合わせることは、実はとても難しい

昨今、社会の分断がいわれ、その意味でもコミュニティの大切さが一層浮き彫りになってきている感があります。しかし、みんなで力を合わせることは、一見簡単なようで、実はとても難しいことだとも実感しています。単に意見をぶつけ合い、互いの正当性を強調するのではなく、異なる意見が共存し、さらに前進していく力にできるような第三の道を見つけ、つくっていくことが重要です。

例えば、BONUS TRACKで実践している「お店の学校」は、お店を商売の場としてだけでなく、だれかの居場所になったり、あるいは、チャレンジを一緒に応援してもらえる場にできないかと考え、それをすでに実践している方から学んだりすることのできる学びの場です。それは一例に過ぎませんが、そうしたことを通じて、周囲をエンパワーしながら、コミュニティの力を引き出すチャレンジをしていきたいと思っています。

小野裕之（おの ひろゆき）
株式会社散歩社 代表取締役CEO。ソーシャルデザインをテーマにしたウェブマガジン「greenz.jp」を運営するNPO法人グリーンズの経営に6年かかわり、2018年、同法人のソーシャルデザインやまちづくりにかかわる事業開発・再生のプロデュース機能をO&G合同会社として分社化、代表に就任。greenz.jpビジネスアドバイザー。

「BONUS TRACK（ボーナストラック）」とは
2020年4月にできた、「みんなで使い、みんなで育てていく新しいスペース、新しい"まち"」。小田急線下北沢駅近くの「下北線路街」エリアにある。飲食店、物販店、コワーキングスペース、シェアキッチン、広場といった、この場所を訪れる人自身が、この場所のカルチャーを新たにつくっていく1人になるような場をめざす。

視点 ③ 子どもの視点からの
まちづくりの担い手として期待

後藤智香子（東京大学先端科学技術研究センター 特任講師）

専門は都市計画・まちづくり。コミュニティスペース、
子ども施設・環境、住環境まちづくりを
キーワードに研究を進めています。

成熟社会のまちづくり

　人口減少や少子高齢化が進み、地球環境問題への対応が求められる成熟社会のまちづくりでは、ピカピカのモノを新たに作っていくことよりも、今、地域にある資源を生かしながらまちを育んでいくことが大切です。一口に「地域」と言っても、それぞれ地形や歴史、建物、生活している人などが異なるため、そこに存在する資源も様々です。子どもの視点から言えば、思い切り走り回れる公園がわかりやすい空間資源かもしれませんが、四季を感じられる小道や個性的なお店なども資源として挙げられるでしょう。また、「今はちょっとゴミがあって暗いけれど、掃除すれば明るい遊び場になりそう」といった潜在的な空間資源もあるかもしれません。さらに、空間だけでなく、地域に住んでいる様々な人や、地域で行われている新旧様々なイベントなども重要な地域資源と言えます。こうした地域の資源を見つけて、時につなぎ合わせて活用していくことが、その地域ならではの個性ある魅力的なまちづくりにつながります。

地域資源「発見」「活用」の
仲介役として

　こうしたまちづくりにおいて、地域への眼差しをもったコミュニティコーディネーターはどのような役割を果たしうるでしょうか。まず、地域資源「発見」の仲介役としての役割です。地域と子どもとの出会いの機会を創出することで、何気ない風景の中から大人だけでは気が付かなかった地域の資源を子どもの目線で発見することができます。そして、地域資源「活用」の仲介役としての役割です。コミュニティコーディネーターが子どもの発見した資源を共に周囲の大人に伝えたり、資源を使って遊んでみたりすることで、その魅力や価値を顕在化させ、新たな活用につなげることもできそうです。

　こうした取り組みの手がかりは、日々の「おさんぽ」での様々な出会いの中にもあります。例えば、おさんぽの道中で子どもが興味を示した花を育てている住民の人に挨拶してみたり、農家さんとの出会いから、使っていない農地を借りて子どもたちと農作業を楽しむ活動へと広がったり。子どもの視点から地域資源の発見と活用をサポートする人材、つまり、子どもが生き生きと健やかに育つためのまちづくりの担い手として、コミュニティコーディネーターの活躍を期待しています。

後藤智香子（ごとう ちかこ）
東京大学先端科学技術研究センター 特任講師。2011年、東京大学大学院工学系研究科都市工学専攻博士課程修了。博士（工学）。柏の葉アーバンデザインセンターディレクターなどを経て、現職。

地域にどっぷり浸かって地域と一体に

堀江宗巨（株式会社くうねあ）

コンセプトは「地域が園舎・園庭」。
園が地域の一部なのではなく、地域が園の一部であると考え、
積極的に地域とかかわっています。

園のことが地域の話題に

わずか2名の園児から始まったくすの木保育園は、10年目の今年、4施設で園児180名の規模となり、2022年度もう1つ園を新設します。各園舎は近接して建てられて常に相互に連携し合っています。

現在、我々の園には、地域の方々から、この土地を保育園に活用できないか、使っていない古民家を子どもたちのために再生できないか、子育て広場を引き継いでほしいなど、様々なご提案やご相談をいただいております。

ご近所のパン屋さんから「今日の園のおやつはおいしそうでしたね」と声をかけられ、居酒屋さんからは「お客さんがくすの木保育園のことを話題にしている。すぐに来て」と連絡をいただきます。道ですれ違う地域の方々にもよく声をかけられ、園のことや子どもたちのことを地域において毎日話題にしていただいていると感じます。

地域が園舎・園庭

現在感じるこのような地域との一体感は、我々がどっぷりとこの地域に浸かってきたことの賜物と考えます。大切にしてきたことの1つに「地域が園舎・園庭」というコンセプトがあります。子どもたちやスタッフは毎日のように地域を練り歩き、その活動の中でお

もしろい場所を発見したり、様々な人に出会って、緩やかであっても強く結びついたりしながら、徐々に地域を、自分たちの園舎や園庭として獲得して、活動範囲を拡げてきました。

一方で、我々のことを地域の方々に詳しく知っていただくために、保育園の活動内容やすてきな取り組みをしている保育者さんたちを特集したフリーペーパーを地域に配布しています。その紙面では、どこで草滑りができるか、どこで桑の実が食べられるかなどのコアな地域情報を載せたり、子どもたちに関心を寄せていただける地域の方々を積極的にご紹介しています。

我々は、日常的な保育の営みの中、自然体で地域と重なり合って生まれた関係性において、子どもたちが豊かに育まれることを理想のコミュニティとしています。

園が地域の一部であるという感覚も謙虚にもちながら、引き続きこのエリアにどっぷりと浸かり、地域が園舎・園庭というコンセプトを大切にしていきたいと思います。

堀江宗巨（ほりえ むねお）
株式会社くうねあ代表取締役。「とことん遊ぶ、それが僕らの未来をつくる」をモットーに、広島市安佐南区で保育所（認可保育所、事業所内保育所等）の運営、相談、アドバイス、ベビーシッター事業等を展開する。https://qoonea.com/

視点 ⑤ 地域の中で子どもも施設も成長する幼児教育・保育を

一山善広（金沢市こども未来局幼児教育センター 所長）

「みんなでつながり 支え合う 子育ての喜びを
分かち合うまち 金沢」をめざして、
2020年度に幼児教育センターを開設。
幼児教育・保育の一層の充実を図るための
取り組みを開始しました。

*1

古くからの善隣思想に基づいて

　金沢市には、古くから培われてきた善隣思想*2に基づく住民相互の高い連帯意識や公私協働の土壌があり、「地域の子どもは地域で育てる」という子どもを地域の中で育む文化があります。

　これは、幼児教育・保育施設でも同様で、地域の篤志家が地域住民のために託児施設を設けてきた延長として、現在、幼稚園、保育所、認定こども園合わせて149の施設が市内に設置されています。（市内小学校数56校（2021年4月現在））

　このうち、9割が民間設置であり、それぞれの施設が独自に地域コミュニティの中で子育て支援を実践してきました。

　当市では、幼児教育・保育施設を地域における乳幼児期の子育て支援の拠点として位置付け、様々な子育てサービスの情報提供や子育て相談、社会的養護への対応などを行ってきました。施設がこうした取り組みを継続的に行い、地域に開かれた存在になることが大切です。広く幼児教育・保育への理解と協力を得ながら、保育に従事する保育者のさらなる質の向上を同時に進めていくことが肝要です。

2020年度に幼児教育センターを開設

　当市では、乳幼児期における教育・保育の充実を図るため、2020年度に幼児教育センターを開設し、さらなる幼児教育・保育の質の向上、発達段階に応じた保育・育児支援などの取り組みを開始しました。施設や保育者への支援はもとより、子どもの育ちを捉えた当市の幼児教育の方向性を示した「かなざわ幼児教育みちしるべ」を策定し、施設が取り組む保育内容の発信や子どもの育ちについて施設・家庭・地域・学校の共通理解を促進していきます。

　また、新たな取り組みとして、地域で活躍する芸術家を施設へ派遣し、子どもの創造性豊かな感性を引き出すモデル事業を行うなど、地域の中で子どもも施設も共に成長する幼児教育・保育をめざしていきたいと考えています。

　金沢市の子育てプランの基本理念である「みんなでつながり 支え合う 子育ての喜びを分かち合うまち 金沢」の実現に向け、各幼児教育・保育施設と行政が協力し合い、地域の方々や学校も含めて、市民全体で子どもを育てる機運を引き続き醸成していきます。

金沢市
本州のほぼ中心に位置し、1889年に市制施行、1996年に中核市に移行。人口は約46万人（2020年9月1日現在）。石川県の県庁所在地。

「かなざわ幼児教育みちしるべ」はこちらへ

＊1　芸術家派遣事業の1コマ　　＊2　助け合いの心で、近隣の人と心を通わせ、支え合い、お互いに善き隣人を創っていくという考え方。

コミュニティコーディネーター講座
～これまでのあゆみ～
＊所属・肩書きは当時のものです。

2018年11月10日～12月15日
（コミュニティコーディネーター講座・全7コマ）

❶ 11月10日「教育・まちづくりのシチズンシップと、子どもの参画」
- 小玉重夫（東京大学大学院教育学研究科 教授）
- 中西信介（まちの保育園 吉祥寺 コミュニティコーディネーター）
- 【ゲスト講師】馬場正尊氏（株式会社オープン・エー代表取締役・建築家）

❷ 11月10日 コミュニティコーディネーターの仕事にふれる
「自分のまち・地域の地図からまちづくりを考える」

❸ 11月21日「コミュニティコーディネーターの実務と心構えを考える」
- まちの保育園・こども園 コミュニティコーディネーター

❹ 11月28日「ソーシャルイノベーションと園・学校の可能性」
- 四角英未（まちのこども園 代々木上原 コミュニティコーディネーター）
- 宮本英恵（まちの保育園 成山・四街道駅前 コミュニティコーディネーター）
- 原 綾（まちの本とサンドイッチ 店長）
- 【ゲスト講師】小野裕之氏（greenz.jp ビジネスアドバイザー）

❺ 12月5日「チームビルディング・コミュニケーション・デザインシンキング」
- 習田和正（まちのこども園 代々木公園 コミュニティコーディネーター）
- 本村洸輔（まちの保育園 六本木 元コミュニティコーディネーター・現保育士）
- 大竹真由美（まちの保育園 東池袋 元保育士・現コミュニティコーディネーター）
- 【ゲスト講師】兎洞武揚氏（博報堂ブランドデザイン副代表・未来教育会議実行委員会事務局）

❻ 12月15日「コミュニティコーディネーターの可能性」
- 根岸拓哉（まちの保育園 小竹向原 コミュニティコーディネーター）
- 【ゲスト講師】中村真広氏（株式会社ツクルバ 代表取締役 CCO）

❼ 12月15日「コミュニティとは何か＋本講座を振り返る」
- 根岸拓哉（まちの保育園 小竹向原 コミュニティコーディネーター）
- 【ゲスト講師】左京泰明氏（シブヤ大学 学長）

http://www.cedep.p.u-tokyo.ac.jp/event/15880/

2019年9月1日（アドバンスト講座）

トークセッション
「未来の○○まちづくりーこれからの社会と子どものための思考デザインー」
- 柳澤大輔氏（面白法人カヤック 代表取締役CEO）
- 酒向正春氏（大泉学園複合施設・ねりま健育会病院 院長）
- 小玉重夫（東京大学大学院教育学研究科 教授）
- 松本理寿輝（まちの保育園・こども園 代表）

2019年11月16・17日（連続講座）

《1日目》
イントロダクション ・根岸（小竹向原）
講座❶「保育者支援、園内支援」・稲葉（吉祥寺）
- 原（まちの本とサンドイッチ 店長）
講座❷「保護者を巻き込む」・習田（代々木公園）
- 原（まちの本とサンドイッチ 店長）
講座❸「まちづくり」・滝口（流山）
講座❹「地域資源の活かし方」・木村（六本木）
ワーク「あなたはすでにコミュニティコーディネーターかもしれない」・高橋 翠（Cedep 特任助教）
1日目講座まとめ・野澤祥子（Cedep 准教授）

《2日目》
フィールドワーク
特別講義❶「全国に広がるCC（事例紹介）」
特別講義❷-1・後藤智香子氏（東京大学先端科学技術研究センター 特任講師）
特別講義❷-2・小玉重夫（東京大学大学院教育学研究科 教授）
CC講座まとめ・松本理寿輝（まちの保育園・こども園 代表）
- 秋田喜代美（東京大学大学院教育学研究科 教授）

2020年10月14日
（コミュニティコーディネーター研究会）

テーマ：「コロナ禍でのコミュニティの耕し方を考える」
話題提供「まちの保育園・こども園における、コロナ禍でのコミュニティの耕し方」
- 四角・稲葉・習田・根岸・木村（まちの保育園・こども園コミュニティコーディネーター）
- 原（まちの本とサンドイッチ 店長）

知見共有「COVID-19と園コミュニティのこれから」
- 高橋 翠（Cedep 特任助教）

まとめ
- 野澤祥子（Cedep 准教授）
- 秋田喜代美（東京大学大学院教育学研究科 教授）

園と地域の有機的で創造的なつながりを生み出すために

野澤祥子（東京大学大学院教育学研究科附属発達保育実践政策学センター 准教授）

　コミュニティコーディネーター講座や本書を通じて、園のコミュニティコーディネーター、あるいはコミュニティコーディネーター的な視点をもつ人たちにとって大事なことがたくさん見えてきました。特に印象に残った３点を挙げたいと思います。

子どもの声を聴く

　まず、園のコミュニティコーディネーターが決して忘れてはならないのは、子どもの声を聴くことではないでしょうか。園をひらき、地域とかかわろうとすれば、地域の人を園に招待したり、地域のどこか特定の場所に出かけたりするということが思い浮かびます。こうしたことが、１回きりの「イベント」で終わらず、子どもたちにとって意味ある経験となるためには、子どもの興味・関心といかにつなぐかが鍵となるでしょう。

　子どもたちは、日々の生活の中で、好奇心や驚きをもって様々なものに出会っています。レイチェル・カーソンが「センス・オブ・ワンダー」と呼ぶ「神秘さや不思議さに目を見はる感性」を生まれもっているのです。本書でも、子どもたちのたくさんの問いや発見が示されています。「（虫が）どこから来たの？」「わんわん！」「八百屋さんはいつからあるの？お侍さんがいる時から？」「見て、きれいなお花」「たくあんって何？」など。そうした問いや発見に耳を傾け、主体性を大事にするからこそ、地域との交わりが子どもたちの学びの広がりや深まりにつながるのだと感じました。

園コミュニティ内の連携

　地域とかかわる際には、子どもの声を聴くとともに、園コミュニティ内の保育者や職員と連携することが不可欠です。地域との交流が、子どもの問いや発見から出発し、日々の保育と有機的なつながりをもって展開するためには、コミュニティコーディネーターも保育の中に入って子どもの話に耳を傾けたり、保育者から話を聴いたりすることが必要でしょう。園というコミュニティの内側につながりができているということが、外とのつながりを有意義なものにする上で大切なのだと思います。

一方で、「園と地域がつながることがなぜ重要なのか」「なんのために園と地域がつながるのか」という意義や目的を園内で共有することも必要ではないでしょうか。保育の現場は、日々の生活を送るだけでも慌ただしいものだと思います。重要性を認識し、当事者意識をもって主体的にかかわるのでなければ、負担感ばかりが増してしまいます。ビジョンを共有し、保育者自身が地域とかかわることのおもしろさや手応えを感じられるように支えることも、コミュニティコーディネーターの大事な役割だと思いました。

地域の価値の再発見や創造

子どもたちとのかかわりは、大人にとっては自明なことを、新たな目で見るきっかけにもなると思います。本書の事例からも、まちにある建物、伝統料理、地域の祭りなどを子どもたちと地域の大人が一緒に探究することで、その価値の再発見や創造につながることが示唆されています。地域はいわゆる「町内」だけではありません。ある園にとっては企業が地域であり、社員が子どもとの出会いか

ら学んでいます。また、園の保護者と地域をつなぐ、地域の保護者を園につなぐことで、地域の子育てコミュニティを豊かにする取り組みもありました。保護者や地域の人々が子どもたちと出会い、互いに交流できるようにすることで、それぞれの学びや成長、さらには地域の価値の再発見や新たなコミュニティの創造にもつながっているようです。

以上のように、コミュニティコーディネーターは、単に園に地域の人を呼ぶ、園から地域に出かけるための企画や調整を行う役割を担うのではありません。子どもの声を聴き、さらには保育者、保護者、地域の人々といった多様な人々の声を受け止め、それぞれの人の主体性を引き出すことで、園と地域の有機的で創造的なつながりを生み出すことに寄与することができるのではないでしょうか。

引用文献
レイチェル・カーソン『センス・オブ・ワンダー』上遠恵子（訳）新潮社　1996

野澤祥子（のざわ さちこ）
東京大学大学院教育学研究科附属発達保育実践政策学センター准教授。2013年東京大学大学院教育学研究科博士課程修了。博士（教育学）。東京家政学院大学現代生活学部児童学科准教授を経て2016年から現職。

保育が地域を「自由の空間」に変えていく
——コミュニティコーディネーターの可能性

小玉重夫（東京大学大学院教育学研究科長・学部長）

まちの保育園・こども園と東京大学Cedepが共催したコミュニティコーディネーター講座は、保育と地域の関係を考えるうえで画期的なものでした。本書に収録されている実践事例や講座の内容を踏まえながら、何が画期的であったのかを考えてみます。

多様性・複数性にひらかれた公共性をつくりだす

まちの保育園・こども園がインスパイアされて（影響を受けて）いるイタリアのレッジョ・エミリア市の保育運動において指導的な役割を果たしたローリス・マラグッツィは「子どもには100の言葉がある（それからもっともっともっと）けれど99は奪われる。学校や文化が頭と体をバラバラにする」と述べています（レッジョ・チルドレン　2012）。子どもたちから99の言葉を奪い、ただ1つの言葉に単一化していくのが学校教育である、これに対してマラグッツィたちがめざすのは、子どもたちの100の言葉をつぶさないことだ、言い換えれば、子ども

たちの声の複数性を可視化していくことだ、と言うのです。

園でお散歩する子どもたちが五感でまちを捉え、それらを表現していく活動の中に、私たちは、レッジョ・エミリア市で実践されている子どもたちの声の複数性の可視化と重なるものを見いだすことができます。政治哲学者のハンナ・アレントは、「複数性」は公共性を生み出す人間の条件だと述べていますが、まさにそうした公共性を地域の中に創り出していく触媒に、園とコミュニティコーディネーターが位置付いていると言えるでしょう。

「抵抗の空間」から「自由の空間」へ

2019年11月17日の講座で、私は本書にも執筆されている都市工学者の後藤智香子さんとご一緒しました。その時後藤さんは、保育園開設に対して地域から反対運動が起こった事例を紹介してくださいました。それは私にとって、とても興味深いものでした。1つの事例では、園、

保護者、地域住民参加による「園運営連絡会」が設置され、それが情報共有の場としてはたらいているとのことでした。また、別の事例では、反対運動によって当初の予定地での開園が断念され、代替地で開園されました。その代替地では、収穫物の園への提供や園児の地域イベントへの参加等によって、園と地域との間で交流が始まり、園は地域の自治会へも加入したとのことでした。

　これらの事例に共通しているのは、反対運動による対立を経て、立場を異にする異質な市民の交流が、「連絡会」や「イベント」などの形で始まり、交流が顕在化し、現れているという点です。前述したハンナ・アレントは、「自由の空間は現われの空間（スペイス・オブ・アピアランス）である」（ハンナ・アレント　1995：435ページ）と述べています。そしてそうした自由の空間が現出するのは、利害に基づく自己主張ではない、他者の声を聞くことにより醸成される思考の産物としての「意見」がつくられるからだとアレントは述べます。彼女によれば、「意見は、公然たる議論と公的な論争の過程で形成されるものであるから、意見を形成する機会の存在しないところでは、（中略）気分（ムード）があるだけ」（アレント　同上：426ページ）であると言います。

　反対運動は「抵抗の空間」を生み出しますが、それが「意見」の形成を経て、「自由の空間」へと発展していく、その過程を、これらの事例は示しています。そしてそうした「意見」の形成を可能にする存在こそ、異質な声をもつ人々、異質な考えをもつ人々をつなぎ、調整するコミュニティコーディネーターなのです。

　そうしたコミュニティコーディネーターに媒介されながら、園は地域を「自由の空間」へと変えていく中心になるのだと思います。

引用文献
ハンナ・アレント『革命について』志水速雄（訳）ちくま学芸文庫 1995
レッジョ・チルドレン『子どもたちの100の言葉』ワタリウム美術館（編）日東書院　2012

小玉重夫（こだま しげお）
東京大学大学院教育学研究科教授。東京大学大学院教育学研究科博士課程修了。博士（教育学）。慶應義塾大学助教授、お茶の水女子大学教授などを経て、2009年から現職。2021年4月から同研究科長・学部長。

おわりに

松本理寿輝（まちの保育園・こども園 代表）

「コミュニティコーディネーター（以下、CC）を、なぜつくったのですか？」という質問をよくいただきます。それに対して私は、「理念のより良い実現のために、私が園で担っていた役割が、まちの保育園で、必要と考えたから」とお話しします。CCが生まれたきっかけは、まちの保育園に2つ目の園ができる時、私のような役割が必要になると考えたことでした。

しかし、採用の際、この役割をなんと表現すればよいのでしょうか？ そこで名付けたのが「コミュニティコーディネーター」でした。 CCは、本書で見てきたように、子ども、保護者、保育・教育者、地域（そしてもっと広い社会）のコミュニティのために存在しているからです。たいした説明もできず、この名前のみから採用を呼びかけることになったの

ですが、驚くことに、様々な業界から100を超える応募があり、この役割に対する関心の高さを感じました。

その後、CCの導入園も増え、自分たちなりに「CC会」を形成し、試行錯誤していた中、東京大学大学院教育学研究科附属発達保育実践政策学センター（Cedep）のビジョンと重なり、ありがたいことに共同研究を進めさせていただくことになりました。私たちが、暗中模索していたことを、Cedepの先生方がとてもクリアに、本質的に整理してくださいました。そこで、地域に開かれた園や、チームづくり、家庭との連携、子どもを（と）語り合うコミュニティづくりなどの観点で、皆様に参考にしていただく「1つのアイデア」になってきたのではということで、この度、過去の「CC講座」の内容を中心

秋田喜代美（学習院大学 教授）

園のCCが、コミュニティをコーディネートすることは、ワクワクしておもしろいことが、子どもたちの目の前で生まれる瞬間に立ち会うことだと思います。その意味でお産婆さん的行為かもしれません。しかし、そこに至るためには苦労もあり、自らが心をひらき、これまでの保育のあたりまえを超え、子どもたちが

こんなこと、こんな人と会って何ができるかなと常識の壁を超え、そして、これからやってみようという人に自分の体験をひらくという3つのひらく「開く、拓く、啓く」が求められています。CC講座は、これまでもこれからも、そのような経験と事例の語り合いの場でもありたいと思います。

に、フレーベル館のご厚意で、CCのエッセンスを編集したのが、この本になります。

CCに関して、私がもっとも印象的なのが、「CCがいると、ほっとする」というコミュニティからの言葉です。それはCCが、各当事者と心を通わせ、個人・コミュニティ・まちのウェルビーイングのため、チームと共に、役割を果たしているからだと思います。未開の役割を切り開き続けているCCたちを、心から感謝し、園を共に育む大切なパートナーとして尊敬しています。

最後になりますが、今のCCがあるのは、秋田喜代美先生、小玉重夫先生、野澤祥子先生、高橋翠先生から多くのことを学ばせていただいたからであります。私たちの現場での経験に、深く豊かな価値・意味を見出してくださり、それによりコミュニティの営みが充実してきたことを実感しております。この場をお借りして、深く感謝申しあげます。また、本書で事例紹介やお考えを述べていただいた園・自治体・各有識者の皆様にも御礼申しあげます。これまでのCC講座にご参加いただいた方が多く、皆様とコミュニティづくりの「問い」に向き合うことで、本書の学びが一層深くなったと感じております。

おそらく、CCは、変化の時代に変化し続ける存在として、園に居続けることによって、その真価を発揮していくのだろうと思います。CCは常に、子どもを真ん中にしたコミュニティの可能性のためにあり続けるのでしょう。本書をきっかけとして、CCの役割や意味・価値を、読者の皆様と育んでいければ幸いです。

単なる協働や連携ではなく、集うからこそ互恵的に影響し合えるコレクティブ・インパクトのためには、「目標・課題の共有、継続的なコミュニケーション、評価システムの共有、相互に活動を高め合う、専門スキルをもった人の全体的なサポート」の5点が大事と言われます*。CCの視点をもった人が共にネットワークするからこそ「恵」が生まれる。その一助に本書がなると良いなと考えております。講座ご参加の様々な専門家の方々に寄稿いただきましたことに御礼を申しあげます。本書作成にあたりフレーベル館の坂井さんには企画から最後まで本当にお世話になりましたことに心からの謝意を表したいと思います。

*デイヴィッド・ピーター・ストロー、井上英之『社会変革のためのシステム思考実践ガイド　共に解決策を見出し、コレクティブ・インパクトを創造する』小田理一郎（監訳）、中小路佳代子（訳）　英治出版　2018

［著］
まちの保育園・こども園

東京都内に、まちの保育園 小竹向原、まちの保育園 六本木、まちの保育園 吉祥寺、まちのこども園 代々木上原、まちのこども園 代々木公園の5園がある。「子ども主体のまちぐるみの保育」を園の理念として日々、地域に根差した保育を行う。2018年2月、東京大学大学院教育学研究科と、保育・教育・研究交流連携事業に関する協定を締結。

東京大学大学院教育学研究科附属 発達保育実践政策学センター
（Cedep）

乳幼児の発達や保育・幼児教育の実践、そのための政策に係る研究を推進する「発達保育実践政策学」という新たな統合学術分野の確立をめざして設立。学内の研究者はもとより国内外の研究者や研究機関、子育てや保育・教育を実践している方々やその団体、実践のための制度にかかわる国や自治体と連携し、子ども子育ての課題を協創探究し、解決の道筋を国際的に発信することを目的とする研究拠点。

［監修］
秋田 喜代美 （あきた きよみ）

学習院大学教授。東京大学大学院客員教授。東京大学大学院教育学研究科附属発達保育実践政策学センター初代センター長。第9代日本保育学会会長。世界授業研究学会（WALS）副会長。内閣府子ども・子育て会議会長。厚生労働省社会保障審議会児童部会長。専門は、保育学、発達心理学、教育心理学、教師教育。

松本 理寿輝 （まつもと りずき）

まちの保育園・こども園代表。ナチュラルスマイルジャパン株式会社代表取締役。2010年4月ナチュラルスマイルジャパンを創業。

［協力園］（文・写真提供）＊50音順
学校法人加藤学園 Kanade流山セントラルパーク保育園（千葉県流山市）
埼玉東萌短期大学（埼玉県越谷市）
社会福祉法人愛育福祉会 上田面木こども園（青森県八戸市）
社会福祉法人育美会 生品保育園（群馬県太田市）
社会福祉法人早苗会 早苗保育園（東京都世田谷区）
社会福祉法人昭代福祉会 昭代保育園（福岡県柳川市）
はなさかす保育園（東京都港区）
まちの保育園 小竹向原（東京都練馬区）
まちのこども園 代々木上原（東京都渋谷区）
まちのこども園 代々木公園（東京都渋谷区）

［協力］（文・写真提供）＊50音順
高橋 翠（東京大学大学院教育学研究科附属　発達保育実践政策学センター特任助教）
小野裕之（株式会社散歩社）
一山善広（金沢市こども未来局幼児教育センター）
小玉重夫（東京大学大学院教育学研究科長・学部長）
後藤智香子（東京大学先端科学技術研究センター）
野澤祥子（東京大学大学院教育学研究科附属　発達保育実践政策学センター准教授）
馬場正尊（株式会社オープン・エー）
堀江宗巨（株式会社くうねあ）

［表紙イラスト］
山本和久（Donny Grafiks）

［編集協力］
上井美穂、鈴木麻由美
（株式会社こんぺいとぷらねっと）

［文］
岡庭 希（まちの保育園・こども園：第2章 p46-47、p48-50、第3章 p63-64）
齊川美帆、岡庭 希（まちの保育園・こども園：第2章 p20-31、p51-54）

保育ナビブック
保育をひらく 「コミュニティコーディネーター」の視点

2021年6月15日　初版第1刷発行

著　者　まちの保育園・こども園
　　　　東京大学大学院教育学研究科附属
　　　　発達保育実践政策学センター（Cedep）
監　修　秋田喜代美　松本理寿輝
発行者　吉川隆樹
発行所　株式会社フレーベル館
　　　　〒113-8611 東京都文京区本駒込6-14-9
電　話　営業：03-5395-6613　編集：03-5395-6604
振　替　00190-2-19640
印刷所　株式会社リーブルテック

表紙・本文デザイン　blueJam inc.（茂木弘一郎）